有価証券報告書
で読み解く

超

決算書の
速読術

公認会計士
川口宏之

はじめに

「決算書を読み解いて、企業の経営実態を把握したい」
「でも、そんな時間ないしなぁ……」

　本書を手にとっていただいた読者のなかには、こんなふうに思っている人も多いのではないでしょうか。
　そんな悩みを解決することが本書の目的です。
　この本で紹介する「決算書の速読術」を使えば、**1社につき、わずか20分程度でプロ並みの分析ができるようになります。**

　ひと昔前までとは違い、現在は上場企業であれば、ウェブサイトに公開された決算書を無料で手に入れることができます。
　このように、誰でも簡単にインターネットにアクセスできる今の時代は、有益な情報がたくさんある反面、その数が膨大であるが故に、すべてをインプットすることは事実上不可能です。
　こんな時代だからこそ重視されるのが、「タイムパフォーマンス」です。1日24時間、1年365日……。時間は誰に対しても平等に与えられていますが、それをどう生かすかは個人の力量しだいです。
　ビジネス環境が急激に変化し、迅速な意思決定が求められる現代において、短時間で効率的に情報をインプットする能力は必須です。
　そして、経営上の意思決定のみならず、現場レベルでの意思決定においても、決算書を速く正確に読むことが重要視されるようになりました。

　たとえば、決算書を1社分読み解くのに5時間かかるAさんと、わずか20分で読み解けるBさんがいたとしましょう。
　Aさんが1社分の情報をインプットしている間に、Bさんは15社分

の情報をインプットできることになります。その結果、AさんとBさんの間には、15倍もの情報格差が生まれます。そして、この状態が5年も10年も続いたらどうなるでしょう？　与えられた時間は同じなのに、2人のビジネススキルは、天と地ほどの差がつくことでしょう。

「別に、自分で決算書を読まなくても、アナリストレポートや、記者が書いた記事を読めばいいじゃないか」というご意見もあります。

　たしかに、専門家が書いた記事で企業の実態を把握することもけっして悪いことではありません。
　しかし、情報をインプットする際に重要なのは「一次情報」に当たることです。アナリストや記者が書いた記事は、多かれ少なかれ主観が入った「二次情報」。「一次情報」である決算書をもとに、企業の経営状況を読み解くのが「できるビジネスパーソン」の必須科目なのです。

　また、日本企業は欧米企業と比べて「稼ぐ力」が弱いと言われ続けてきました。その大きな要因に、「アカウンティング（会計）スキル」の欠如があると言われています。
　欧米企業では、部署問わず若手社員のころから、アカウンティングスキル習得のトレーニングを受けるのが一般的です。
　これに対して日本企業はどうでしょう？
　大多数の企業が、「アカウンティングは経理などの専門部署が担うもの」と捉えているため、アカウンティング研修を設けていない会社が圧倒的多数です。今後、日本企業でも、アカウンティングスキルを習得した人材が増えれば、「稼ぐ力」が高まっていくことでしょう。
　これは企業だけの話ではありません。個人についても同じことが言えます。
　転職が当たり前の時代にキャリアアップしていくためには、ビジネ

スパーソンとしての市場価値を高める必要があります。アカウンティングスキルの習得は、自分自身の価値＝「稼ぐ力」を高めるための強力な武器になるのです。

では、アカウンティングスキルを身につけるためにはどうすればいいのか？　その第一歩となるのが「決算書」です。決算書を正確に読み解けるようになることが、自身の市場価値を高める第一歩になるのです。

もちろん、決算書をスピーディーに読み解くことの効果効能は、キャリアアップだけにとどまりません。下記のように、株式投資や日々のお仕事、学生の方であれば就職活動など、ビジネスや資産運用のさまざまな局面で役立ちます。

①戦略的な意思決定

決算書には、企業の財務状況や業績が反映されています。これらの情報を素早く理解することで、経営陣は現状を正確に把握し、スピーディーに将来の戦略を立てることができます。急速な市場変動や競争の激化に対応するためには、迅速な情報取得が不可欠です。

②リスク管理

早期に決算書を分析することで、企業が直面しているリスクや機会を素早く識別できます。これにより、リスクの最小化や新たなビジネスチャンスを迅速につかむことが可能となります。

③投資判断

投資家や株主などの外部ステークホルダーも、企業のパフォーマンスに関する情報を素早く得たいと考えています。決算書を速読することで、迅速かつ正確な投資判断を下すことができます。そしてこれらの情報は、投資のみならず就職活動中の学生さん、転職を目指すビジネスパーソンにも大いに役立ちます。

④競争力の維持・向上

　市場が急速に変化するなか、競合他社との比較や競争力の維持がますます重要になっています。決算書をいち早く読み解くことで、競合他社の動向と自社のポジショニングを素早く把握し、競争力を保つことができます。

　総じて、決算書を速読する能力は、ビジネス環境の変化に素早く対応し、持続可能な成長を達成するために不可欠なのです。これにより、企業はリーダーシップを発揮し、市場での競争力を維持・向上させることができますし、ビジネスパーソンや投資家個人も、自身の能力を高められるのです。

　本編でもお伝えしますが、私はこれまで大手監査法人や証券会社、ITベンチャーのCFO（Chief Financial Officer：最高財務責任者）、会計コンサルティングファームなど、さまざまな立場で膨大な量の決算書を読み込んできました。もちろん、独立した現在も、時には公認会計士として、時には研修講師として、日々たくさんの決算書と向き合っています。

　特に、監査法人時代には大手信託銀行の監査を担当していたこともあり、1日に20〜30社分の決算書を読み解いていました。その後、証券会社に転職したのですが、新規上場を目指す企業に対する引受審査業務（IPO審査）を担当することになり、そこでも日々、大量の決算書と格闘することになりました。

　もちろん、普通に読んでいたのでは到底終わらない量です。その過酷な日々の中で身につけたのが、本書で紹介する有価証券報告書を活用した決算書の速読術です。

　実際のところ、損益計算書、貸借対照表、キャッシュ・フロー計算書、いわゆる財務三表だけで企業の本当の姿を理解することは難しい

と言わざるを得ません。その際に役立つのが有価証券報告書をはじめとする企業のIR資料です。しかし、有価証券報告書は最低でも100ページ程度、多い企業では200ページ近い分量があります。

ですから、これらを読み解く際のポイントは、必要な情報だけを抽出し、それ以外の情報を捨てることです。

このように、「決算書の速読術」と言っても、けっして財務三表や有価証券報告書を最初から最後まで一語一句読む必要はありません。速く読めても、内容が理解できなければ読んだ意味がありませんから。むしろ、どこを切り捨ててどこを押さえるか、取捨選択する力が必要になるのです。

本書では、そのポイントを誰にでもご理解いただけるよう平易な表現でお伝えしていきます。

最低限の知識と、読み解く際のちょっとしたコツ、そして多少の慣れがあれば、誰でもスピーディーに決算書を読み解けるようになります。

ぜひ本書のノウハウを活用し、たくさんの決算書を読み解き、ご自身のビジネスや投資にお役立てください。

2024年3月　　　　　　　　　　　　　　　　　　　川口　宏之

『有価証券報告書で読み解く 決算書の「超」速読術』
CONTENTS

PART 1

なぜ、プロは有価証券報告書と決算短信を重視するのか？

決算書を読むスキルは人生において必要不可欠

「決算書」ってなんだ？

決算書の主要ポイントを押さえよう

PART 2
上場企業が公表する
IR資料の基本

PART 3

決算書の「超」速読術 1
財務三表はここを読め！

まったく知らない会社のことを知るための方法

貸借対照表速読のポイント
——企業の「安全性」を見極める

損益計算書速読のポイント
——企業の「収益力」を見極める

キャッシュ・フロー計算書速読のポイント
——会社のタイプと投資の健全性を見極める

PART 4

決算書の「超」速読術 2
有価証券報告書を使った速読術

PART 5

実際に有価証券報告書を 速読してみよう

装丁／小口翔平＋青山風音(tobufune)
本文デザイン・DTP／相原真理子
編集協力／鈴木雅光(JOYnt)

PART 1

なぜ、プロは
有価証券報告書と
決算短信を
重視するのか？

決算書を読むスキルは
人生において必要不可欠

「決算書を読んでください」と言うと、「苦手」とか「さっぱり意味がわからない」という声をたくさんいただきます。「有価証券報告書」でも「決算短信」でも、そこに記載されているのは数字の羅列。嫌になるのはよくわかります。

でも、その数字には会社の実態が明確に映し出されています。しかも数字なので、ごまかすことはできません。**決算書に記載されている数字情報を読み解くことができれば、その会社が今、どういう状況に置かれているのかが一発でわかるようになるのです。**

決算書を読むスキルは、さまざまな場面で役に立ちます。

たとえば、あなたが今、大学3年生でこれから就職活動を始めようとしているなら、ぜひとも決算書を読めるようになってください。

今では転職が当たり前の時代になりましたが、それでも社会人としてのスタートを切ることになる会社がどういうところかによって、社会人人生は大きく変わってきます。できればしっかり業績が伸びている、成長している会社に勤めたほうが、その後のキャリア形成にとっても有利に働くはずです。だとしたら、しっかり決算書を読み込んで、そういう会社に就職したほうがいいでしょう。

社会人として働くようになると、ますます決算書を読むスキルが求められるようになります。

自分の会社の業績を把握するのが大事であることは言うまでもありませんが、新たな取引先を開拓するにしても、現在の取引先との取引を継続していくにしても、対企業との取引を行うにあたって、相手先企業の業績や財務内容を把握することは極めて重要です。

　取引先企業に対して多額の売掛金を持った状態で倒産でもされたりしたら、それこそ大損害を被り、あなたの出世に悪影響を及ぼす恐れがあります。

　株式投資を始める場合も同様です。

　少子高齢社会のなかで、これからは公的年金にどこまで頼れるのか、正直言って心許ないところがあります。だからこそ、自分自身の努力で資産を増やさなければならないのですが、今の超低金利では預貯金で資産を増やすのは困難です。多少なりとも、株式投資に目を向ける必要があるでしょう。

　そして、株式投資で資産を増やすためには、やはり業績のいい会社の株式に投資しなければなりません。就職活動と同じで、業績が伸びそうな企業を選ぶためには、決算書を読むスキルを身につけることが肝心なのです。

日々大量の数字と格闘する公認会計士が教える速読法とは？

　とはいえ、やはり決算書を目の前にすると、情報量の多さにしり込みしてしまう人もいらっしゃると思います。

　たとえば年1回、本決算が終わった後、株式を証券取引所に上場している会社が、主に投資家に向けて業績や財務状況を開示するために作成する「有価証券報告書」というディスクロージャー（情報開示）は、企業によって若干異なりますが、100～200ページほどの分量があります。大量の数字や小さい文字がびっしりと詰まっているため、読み慣れない人はページを開いただけでうんざりしてしまうことでしょう。

　この大量の数字と日々格闘しているのが、私たち公認会計士です。

　私は、大手監査法人に入って複数のクライアントの会計監査を行うようになりました。そして、そのなかのひとつが、某大手信託銀行でした。

銀行のメインの仕事は、預金を通じて集めたお金を、会社の事業資金として貸し出すことです。一行で非常に多くの会社に対して融資を実行しています。その貸出先のなかには貸したお金をほぼ確実に返してくれるところもありますし、ひょっとしたら焦げついてしまうかもしれないようなところもあります。

　もちろんお金を貸す側からすれば、「貸したお金を返してくれない」という状況は避けたいところですが、融資先をたくさん持っていると、必ず倒産して返せなくなるところが出てきます。

　このように、貸したお金を回収できなくなることを「貸倒れ」と言い、貸倒れによって生じる損失を事前に予測して計上することを「貸倒引当金」と言います。

　そして、貸倒引当金を計上するために、銀行が融資先の信用力をどう見ているのか、それによって計上されている貸倒引当金が正当なものなのかどうかを、監査法人は監査しなければなりません。

　そのためには、銀行の融資先である会社の決算状況なども、すべてチェックしなければならないのですが、時間は限られています。短時間で大量の決算書と格闘しなければならないのです。私はここで、大量の決算書を短時間で読みこなすコツを学びました。

　その後、証券会社の引受審査業務にも携わりました。簡単に言えば、株式を上場したいという会社が、上場するための基準を満たしているかどうかを審査する仕事です。

　そこでは、ビジネスモデルの優位性やコンプライアンス、労務管理など、さまざまな角度から上場企業として相応しいかどうかを判断するのはもちろん、その会社の成長余力も見なければなりません。

　そのため、決算書をチェックして過去の数字を把握するのと同時に、その数字の傾向から会社の将来性を判断するテクニックも身につけてきました。

　本書では、これらのノウハウをわかりやすく解説していきます。

さまざまな開示資料があるけれど……

　上場企業は1年を通じて、さまざまな開示資料を作成しています。これを「ディスクロージャー」とも言いますが、要するにその会社がどのようなビジネスを展開していて、どのような結果を出したのかを投資家に対して開示するためのものです。

　ざっと挙げていくと、「有価証券報告書」「決算短信」「コーポレート・ガバナンス報告書」「統合報告書」「株主通信」「決算説明会資料」あたりが代表的なもので、もう少しディスクローズに積極的な会社だと、これらに加えて「中期経営計画」「知的財産報告書」などを出しているところもあります。

　でも、手っ取り早くその会社の中身を把握するならば、これらの資料すべてに目を通す必要はまったくありません。ぶっちゃけて言えば、「有価証券報告書」と「決算短信」だけで十分です。

　なぜなら、有価証券報告書と決算短信は、決められたフォーマットで、定期的に開示することが義務付けられているからです。有価証券報告書は金融商品取引法によって、決算短信は取引所のルールによって、「これとこれを開示しなければダメですよ」と決められているわけですから、たとえ表に出したくない情報といえども、出さなければなりません。極端に言うと、「今期は赤字になったから、損益計算書の項目から利益を外して売上だけを載せる」などということは絶対に許されないのです。

　このように、有価証券報告書と決算短信はどの会社も同じ形式で開示することが義務付けられているので、読み手にとっては会社間の比較が簡単にできること、そして会社にとって不利な情報も含めてすべて網羅されていることなどのメリットがあります。

　逆に、決算説明会資料や株主通信などの開示書類は、会社が自主的、

独自に作成しているものなので、開示されている内容はバラバラですし、それを作成している会社の意向が多分に含まれることがあります。特に上場企業であれば、株価を高く維持したいという意向が強く働くので、会社にとって有利な情報を中心に掲載する傾向が見られます。逆の言い方をすると、会社にとって不利な情報は、ほとんど掲載されないということでもあります。

しかも、決算説明会資料などは綺麗なグラフなどを用いて見やすくなっているぶん、視覚でごまかされる恐れもあります。特にグラフは、目盛りの取り方によっては、たいした伸びでもないのに高成長しているように見せることもできるので注意が必要です。

信頼性が最も高い開示書類は「有価証券報告書」

有価証券報告書や決算短信は、実際にそれらを見るとわかりますが、虚飾の類いがほぼありません。あるのは数字と文字だけです。つまり視覚によってごまかされる恐れがなく、会社の実態を冷静、客観的に見ることができるのです。

さらに言うと、有価証券報告書は会計監査を経てから開示される書類なので、他の開示書類に比べて高い信頼性があります。

同じ法定開示資料でも、決算短信は速報性が優先されるため監査法人の会計監査を受けずに開示されます。その点において有価証券報告書は各種開示書類のなかでも、最も高い信頼性を有していると言えるのです。

なぜ監査法人の会計監査を受けるのかについては、有価証券報告書に記載される内容に虚偽があってはいけないからです。もし虚偽の内容が記載され、それが公に開示されてしまうと、金融商品取引法違反となり逮捕されてしまう恐れがあります。

もちろん、それでも粉飾決算を行う会社がありますから、嘘やごま

かしが完全に排除されているわけではないのですが、有価証券報告書が各種開示書類のなかで抜群の信頼性を持っていることに間違いはありません。

　ただ、監査法人の目が入っていないことになっている決算短信ですが、まったくのノーチェックというわけではありません。
　決算短信は監査対象ではないので、監査法人としてはチェックする義務を負っていないのですが、有価証券報告書に掲載されている財務三表（貸借対照表、損益計算書、キャッシュ・フロー計算書）と、決算短信に掲載されている財務三表の数字が違ったら、それは会社の信頼性に関わる問題なので、実は監査法人も目を通しているケースが多いのです。
　ですから、決算短信も監査法人による監査報告書はついていないものの、一定の信頼性があると考えていいでしょう。

「決算書」ってなんだ？

さて、本書は「決算書の速読術」がテーマです。

では、「決算書」ってなんでしょうか。有価証券報告書のことでしょうか、それとも決算短信のことでしょうか。

「そんなわかりきったことを……」と思った方もいらっしゃると思いますが、このあたりがごちゃごちゃになっている人も案外多いと思いますので、少し整理しておきましょう。

まず「決算書」と言う場合、一定期間中の業績や財務状況を示す財務諸表のことを指しています。そして財務諸表は「財務三表」とも言われるように、以下の3つの書類を指すのが一般的です。

・貸借対照表
・損益計算書
・キャッシュ・フロー計算書

そして、この財務三表は「有価証券報告書」と「決算短信」という、2つの法定開示書類のなかに記載されています。

別の言い方をすると、有価証券報告書と決算短信には、決算書以外の情報も盛り込まれているということです。

数字以外のところでわかる
会社のあんなこと、こんなこと

たとえば有価証券報告書であれば、当期の財務三表だけでなく、過去5期における売上、利益の推移、キャッシュ・フロー、従業員数の他、会社の沿革、関係会社の情報、事業の状況やガバナンス、リスク管理などに関する説明文、事業セグメント別の概況など、この1年間、

会社がどういうことに取り組み、その結果としてどういう業績になったのか、といったことが事細かに掲載されています。

あるいは決算短信なら、有価証券報告書ほど詳細ではないものの、当期の財務三表に加え、経営成績や財務状態の概況に関する説明文などが掲載されています。

ちなみに、有価証券報告書は原則として年1回、本決算が行われた後に開示されます。

これに対して決算短信は、年4回開示されます。これは日本の会社は「四半期決算」といって、3カ月ごとの経営成績を開示する決まりになっているからです。3月が本決算の会社であれば、第1四半期が4〜6月、第2四半期が7〜9月、第3四半期が10〜12月、第4四半期が1〜3月であり、その都度決算が開示されます。

このように、決算書は有価証券報告書と決算短信に掲載されている財務三表であり、一般的に決算書という場合、この2つの法定開示書類のことを指すと考えて差し支えないでしょう。そして、前述したように本書では、この財務三表を速読する方法について説明していきたいと思います。

有価証券報告書を読むと どんなことがわかるのか？

では、決算書が掲載された有価証券報告書や決算短信に目を通すことで、何がわかるのでしょうか。

両方とも決算書が掲載されているので、有価証券報告書であれば通期、決算短信なら四半期ベースの数字がわかるのは言うまでもありません。ここでは、それ以外に有価証券報告書や決算短信から何が読み取れるのかについて、主な要素を簡単に説明しておきたいと思います。

最も量が多い有価証券報告書から説明していきましょう。

● 会社の沿革

　まずは「会社の沿革」です。いつ設立され、どういう経緯をたどって現在に至っているのかが、年表形式でわかるようになっています。

● 主要な経営指標等の推移

「主要な経営指標等の推移」には、5期分の数字が掲載されています。これを見れば、その会社がどういうトレンドにあるのかがおおまかに把握できます。5年間の売上、利益が増加傾向をたどっているなら、その会社は成長していることになりますし、数字が伸びていなければ成長が止まっていると判断できます。

● 事業の内容

「事業の内容」を見れば、その会社のビジネスモデルがわかります。決算書はあくまでも数字情報だけなので、それを見ただけではビジネスモデルまで把握することはできませんが、この項目を見れば、どのような事業を展開しているのかがわかります。つまり、どんな事業を営むことによって、顧客から売上を得ているのかがわかるのです。

● 従業員の状況

「従業員の状況」には、従業員数が何人で、平均勤続年数が何年、平均年間給与がいくらなのかが明記されています。たとえば平均年齢が45歳で、平均年間給与が1000万円だとしたら、この会社で45歳まで働けば、大体1000万円くらいの年収になることがわかります。これは就職活動、転職活動をする人に有益な情報かもしれません。

● 事業等のリスク

　株式投資をする人は、「事業等のリスク」という項目にも目を通しておいたほうがいいでしょう。ネガティブ情報ですが、「こういう事態が生じたときに、会社はこういうマイナスの影響を受けます」と

いったことが記載されています。

　たとえば財務に関するリスクとしては、「買収した子会社等の事業計画未達に伴う減損リスク」「格付の低下や金融危機による資金調達難」といった資金調達リスクの他、「為替・金利変動に伴うリスク」「インフレリスク」「システム障害」「顧客情報流出」「知的財産権の侵害」など多岐にわたるリスク要因がわかります。

● 大株主の状況

「大株主の状況」は、特に業績に対する影響はないものの、親会社の支配下にあるかどうかがわかるので、場合によっては親会社の支援が期待できる、といったことがわかります。

● セグメント情報

「セグメント情報」のセグメントとは「事業領域」のことを指しています。単一事業しか営んでいない会社は関係ありませんが、複数の事業領域を持つ会社に関しては、どの事業がその会社にとって主力なのかは重要な情報です。「セグメント情報」では、各事業領域の業績がどうなっているのかを、過去2期分見ることができます。

● 監査上の主要な検討事項

　この項目は2022年から有価証券報告書に掲載されるようになりました。要するに、その会社の会計監査を行っている監査法人が、どこにリスクがあると考えて監査を行っているのかが記載されています。

　この項目は、特に投資家が注目しておくべきポイントです。というのも、監査法人は基本的に会社外の利害関係者のなかで、最も情報を持っているからです。監査を行うに際して、会社内のさまざまな資料に当たる権利を持っていて、しかも社外の人間ですから、その会社のことを客観的に見ることができます。そういう立場にある監査法人が、この会社のどこにリスクがあるのかを開示しているので非常に有

益な情報だと思います。

　具体的に言うと、「減損の判定が間違っていた場合、会社の業績に大きなブレが生じる恐れがあるので、そこを重点的に監査しました」とか、「繰延税金資産の回収可能性をどう判断したのか」など、基本的に会計上のリスクが中心です。

決算短信のメリットは速報性にあり

　このように、さまざまな情報が盛りだくさんの有価証券報告書ですが、ひとつ問題があります。**それは、情報の開示が遅いことです。**

　日本における有価証券報告書の開示は、株主総会後でもいいことになっています。つまり３月決算企業の場合、大体が６月中旬あたりに株主総会を開きますから、決算をしめてから３カ月後にならないと、情報を見ることができないのです。

　ただし、決算数字だけは、それよりも早く見ることができます。そのために開示されるのが決算短信です。情報量では有価証券報告書におよびませんが、速報性に優れています。

　通常、**決算短信は決算期末後45日以内に開示することが適当**とされているので、決算の内容をいち早く知りたい場合は、決算短信を見るようにします。

過去情報だからといって軽視しない

　ところで、有価証券報告書にしても決算短信にしても、「所詮は過去情報なのだから、それを見ても未来のことはわからない。見るだけ無駄じゃないか」という声を聞くことがあります。

　でも、けっしてそんなことはありません。もちろん、会社の経営は過去の延長線上でそのまま進むわけではありませんし、業績にしても過去の流れがそのまま将来も続く保証はありません。

とはいえ、やはり過去情報があるから将来を予測できるというのも事実です。

　会社が中期経営計画を立てるときも、過去、たとえば5年間の年平均成長率（CAGR）は5％だから、今後5年間もそのくらいの成長率が続くという前提で、それが下振れするとしたらどういうリスク要因が考えられるのか、逆に上振れするとしたらどういうポジティブ要因があるのか、といった点を考慮しながら策定しています。

　こういった考察は、過去情報がなければ当然成り立ちません。したがって、企業を分析する際、過去情報は有益なのです。

決算書の主要ポイントを押さえよう

「決算書の速読術」について説明する前に、おおまかな決算書の構造について触れておきたいと思います。前述の通り、決算書の種類は下記の3つです。

・貸借対照表（B／S）
・損益計算書（P／L）
・キャッシュ・フロー計算書（C／F）

　簡単に言えば、**貸借対照表は「お金の調達と運用のバランスを見るためのもの」**であり、**損益計算書は「一定期間中における収益と費用の関係を見るためのもの」**、キャッシュ・フロー計算書は「お金の流れが健全かどうかを把握するためのもの」と考えていただければいいでしょう。別な言い方をすれば、貸借対照表は企業活動をストック面から、損益計算書とキャッシュ・フロー計算書は、フロー面から見るためのものでもあります。

①貸借対照表（B／S）

　次ページに例として示したのは、株式会社サイバーエージェントの貸借対照表です。恐らく、貸借対照表を初めて目にした人は、あまりにもたくさんの項目と数字が並んでいて、どこから見ればいいのか、それぞれがどういう関係にあるのかがよくわからないと思います。
　これは後述する速読術にもあてはまることですが、**大事なことは、まず大雑把でいいので全体像を把握することです。**その他の細かい項目に記載された数字はあまり気にしなくても結構です。

■ 貸借対照表(例)

① 【連結貸借対照表】

(単位:百万円)

	前連結会計年度 (2022年9月30日)		当連結会計年度 (2023年9月30日)	
資産の部				
流動資産				
現金及び預金		165,907		199,579
受取手形、売掛金及び契約資産	※1	72,371	※1	83,372
棚卸資産	※2,※3	4,262	※2,※3	8,977
営業投資有価証券		16,457		19,034
その他		34,887		40,768
貸倒引当金		△36		△489
流動資産合計		293,850		351,242
固定資産				
有形固定資産				
建物及び構築物(純額)	※3	11,346	※3	12,250
工具、器具及び備品(純額)		5,846		8,358
その他	※3	1,781	※3	3,977
有形固定資産合計	※4	18,974	※4	24,586
無形固定資産				
のれん		4,843		7,084
ソフトウエア		5,076		6,053
ソフトウエア仮勘定		10,205		16,313
その他		1,927		4,106
無形固定資産合計		22,054		33,557
投資その他の資産				
投資有価証券	※5	22,907	※5	36,749
長期貸付金		226		108
繰延税金資産		6,783		7,540
その他		18,896		24,053
貸倒引当金		△17		△77
投資その他の資産合計		48,797		68,375
固定資産合計		89,826		126,519
繰延資産		21		64
資産合計		383,698		477,826

■ 貸借対照表(例)

(単位：百万円)

	前連結会計年度 (2022年9月30日)	当連結会計年度 (2023年9月30日)
負債の部		
流動負債		
買掛金	59,212	71,597
未払金	15,954	20,682
短期借入金	2,380	※3 3,142
未払法人税等	5,036	3,115
1年内償還予定の転換社債型新株予約権付社債	20,023	―
その他	※3,※6 27,407	※3,※6 34,824
流動負債合計	130,014	133,362
固定負債		
転換社債型新株予約権付社債	20,102	60,584
長期借入金	※3 3,750	※3 43,355
勤続慰労引当金	2,787	3,401
資産除去債務	2,250	2,406
繰延税金負債	371	1,040
その他	1,505	1,763
固定負債合計	30,768	112,552
負債合計	160,783	245,915
純資産の部		
株主資本		
資本金	7,239	7,369
資本剰余金	11,636	12,218
利益剰余金	119,204	117,448
自己株式	△1	△1
株主資本合計	138,079	137,034
その他の包括利益累計額		
その他有価証券評価差額金	5,887	7,196
為替換算調整勘定	298	191
その他の包括利益累計額合計	6,185	7,388
新株予約権	1,747	2,092
非支配株主持分	76,903	85,396
純資産合計	222,915	231,911
負債純資産合計	383,698	477,826

そして、大雑把な数字を把握したら、徐々に細かい数字を見るようにして、解像度を上げていけばいいのです。

貸借対照表であれば、「資産」「負債」「純資産」という3つの大項目で全体像を把握してください。

それぞれ何を指すのか簡単に解説しましょう。

● 資産

資産には、現金や預金、販売用の商品や土地、工場などの建物といった、その会社が持っている財産や法的権利が含まれます。要するに、会社が製品やサービスを生み出すのに必要な財産です。

● 負債

負債には、銀行からの借入や、仕入先に後日支払う法的義務が含まれます。

● 純資産

そして純資産は、資産の合計額から負債の合計額を差し引いたもので、その会社が所有している正味の財産になります。

次ページの図をご覧いただくとわかりますが、貸借対照表の構造は、左側の大きな箱が資産、右側の上部に位置した箱が負債、右側の下部に位置した箱が純資産になります。**そして、左側の大きな箱の合計額と、右側の2つの箱の合計額は必ず同じ金額になります。**

会社がビジネスを行うためにはお金が必要です。多くの会社は設立される際、まず社長が自分の財産の一部を会社に入れます。さらに足りないぶんは友人、親戚、知人、あるいはベンチャーキャピタルなどから出資を受けます。

■ 貸借対照表をシンプルに表すと……

```
┌ サイバー ┐                                      単位:百万円
│ エージェント │  ┌──────────────┬──────────────┐
└        ┘  │ 資産         │ 負債         │
             │ 477,826      │ 245,915      │
             │              ├──────────────┤
             │              │ 純資産       │
             │              │ 231,911      │
             │              │              │  ※ 百万円未満は切
             │              │              │   り捨て。合計金額
             │              │              │   にズレが生じる
             └──────────────┴──────────────┘   ことがあります。
```

　これらの出資を受け入れる代わりに、会社は株式を発行して出資者に配ります。こうして資本金が形成され、それは純資産にカウントされます。

　次に、会社はその資本金を使いながら事業を行っていくわけですが、当然のことながら途中でお金が足りなくなります。そのときには銀行から融資を受けて、資金繰りを行います。この銀行から借り入れたお金が負債です。

　このようにして、会社は「資本金」と「負債」という形で集めたお金で、製品やサービスを生み出すための設備を調えていきます。製造業であれば工場が必要ですし、オフィスに入れる机、椅子、コンピュータなども買わなければなりません。こうして、会社が購入したモノはすべてその会社の資産になります。

　つまり右側にある２つの箱は、会社がどのようにしてお金を集めたのかが記載されており、左側の箱には、集めたお金を何に使ったのかが記載されているのです。

　ちなみに、お金の調達ルートである「負債」と「純資産」ですが、この２つの大きな違いは、**負債は「返済義務のあるお金」**であり、**純資産は「返済義務のないお金」**であるということです。

なお、往々にして生じがちな勘違いをひとつだけ指摘しておきます。それは、「仮に資本金として1000万円を計上していたとしても、その会社の金庫に1000万円があるわけではない」ということです。

負債と純資産は、あくまでも会社の経営を行うのに必要な資金の調達ルートを示しているだけで、実際に目で確認できるのは資産に含まれている部分だけなのです。

②損益計算書（P／L）

学生が学期ごとに試験を受けさせられ、その結果を成績表として手渡されるように、会社にも成績表があります。決算書がまさにそれであり、このうち一定の決算期間中にどれだけの利益を上げたのか、あるいは損失を被ったのかを示すのが、損益計算書です。

損益計算書は、一定期間中に、

「どのくらい稼いだのか（売上）」
「どのくらい費用がかかったのか（費用）」
「どのくらいの利益が残ったのか（利益）」

ということを1枚のシートで示しています。

これは貸借対照表も同じですが、決算書は3月決算企業であれば3月の本決算に加え、四半期に一度、四半期決算を発表します。3月本決算企業であれば、4〜6月が第1四半期、7〜9月が第2四半期、10〜12月が第3四半期、翌年1〜3月が第4四半期になります。

したがって、貸借対照表も損益計算書も、これから説明するキャッシュ・フロー計算書も四半期ベースで作成・公表されるのですが、特に損益計算書の場合、四半期については前年度の同四半期、本決算については前年度の本決算の数字と比べることによって、会社が成長しているのかどうかがわかります。

■ 損益計算書（例）

【連結損益計算書】

（単位：百万円）

	前連結会計年度 （自 2021年10月1日 至 2022年9月30日）		当連結会計年度 （自 2022年10月1日 至 2023年9月30日）	
売上高	※1	710,575	※1	720,207
売上原価		491,417		527,802
売上総利益		219,158		192,404
販売費及び一般管理費	※2,※3	150,044	※2,※3	167,847
営業利益		69,114		24,557
営業外収益				
受取利息		139		189
受取配当金		384		374
受取賃貸料		163		525
その他		311		175
営業外収益合計		999		1,263
営業外費用				
支払利息		54		127
減価償却費		56		170
投資有価証券評価損		86		115
持分法による投資損失		313		91
為替差損		9		191
その他		128		207
営業外費用合計		648		904
経常利益		69,464		24,915
特別利益				
投資有価証券売却益		491		—
関係会社株式売却益		805		1,000
その他		336		470
特別利益合計		1,633		1,470
特別損失				
減損損失	※4	7,742	※4	1,453
支払補償損失		—		628
その他		557		1,772
特別損失合計		8,299		3,854
税金等調整前当期純利益		62,798		22,532
法人税、住民税及び事業税		21,155		12,006
法人税等調整額		2,229		△417
法人税等合計		23,385		11,588
当期純利益		39,413		10,943
非支配株主に帰属する当期純利益		15,194		5,611
親会社株主に帰属する当期純利益		24,219		5,332

　たとえば2023年3月決算の利益が100億円、2022年3月決算の利益が80億円だとしたら、この会社は25％もの増益率を実現したことになります。

　しかも、それが2023年3月決算だけでなく、2018年3月決算よりも2019年3月決算、2019年3月決算よりも2020年3月決算、2020年3月決算よりも2021年3月決算というように、年度を追うごとに増益していたら、この会社は順調に成長していることになります。

　損益計算書は、その会社の稼ぐ力を示したものです。したがって売上や利益が大きいほど、その会社の収益力が高いことを意味します。

③キャッシュ・フロー計算書（C／F）

　35ページに示した表は、サイバーエージェントのキャッシュ・フロー計算書です。

「キャッシュ・フロー」とは、会社のお金の増減を示すものです。単純に、お金の出入りの差し引きであり、出に比べて入りが多ければ、キャッシュ・フローはプラスになり、入りに比べて出が多ければ、マイナスになります。

　キャッシュ・フローには、

・営業活動によるキャッシュ・フロー（営業C／F）
・投資活動によるキャッシュ・フロー（投資C／F）
・財務活動によるキャッシュ・フロー（財務C／F）

という3つの種類があります。簡単に、それぞれの意味するところを説明しておきましょう。

● 営業キャッシュ・フロー

　営業キャッシュ・フローは、本業でのお金の増減を意味します。営

業キャッシュ・フローがプラスのときは、本業によって会社に入って
くるお金が順調に増えている、理想的な状態にあると考えられます。
　逆にマイナスのときは、本業を行うことによってお金が減っていく状
態ですから、会社の経営が望ましくない状況にあることを意味します。

● 投資キャッシュ・フロー
　**投資キャッシュ・フローは、設備投資などによって生じる資金の出
入りを示します。**生産設備の増設などによって積極的に設備投資を
行っている企業は、投資キャッシュ・フローがマイナスになります。
　逆に、投資キャッシュ・フローがプラスになるのは、生産設備など
を売却した結果、その売却資金が入ってきたことを意味します。これ
は、ある事業部門から撤退した結果、それに割いていた設備等が不要
になったためと読むこともできます。
　基本的に会社は、投資を行うことによって成長していくものですか
ら、投資キャッシュ・フローは、プラスよりもマイナスの状態である
ことのほうが望ましいと考えられます。

● 財務キャッシュ・フロー
　**財務キャッシュ・フローは、銀行や株主からのお金の出入りを示し
ます。**財務キャッシュ・フローがプラスのときは、銀行から借入を行っ
たとか、新株を発行して投資家から出資してもらい、会社にお金が
入ったことになります。
　逆に、財務キャッシュ・フローがマイナスの場合は、銀行借入を返
済した場合とか、配当金を投資家に支払ったことによってお金が減っ
たことを意味します。

　「キャッシュ・フロー」という言葉でイメージしにくいのであれば、
人間の血液にたとえて考えてみると、わかりやすいかもしれません。
　血液がドロドロで血の巡りが悪いと健康状態は悪化しますが、これ

■ キャッシュ・フロー計算書（例）

④【連結キャッシュ・フロー計算書】

(単位：百万円)

	前連結会計年度 (自 2021年10月 1日 至 2022年 9月30日)	当連結会計年度 (自 2022年10月 1日 至 2023年 9月30日)
営業活動によるキャッシュ・フロー		
税金等調整前当期純利益	62,798	22,532
減価償却費	8,685	8,104
減損損失	7,742	1,453
営業投資有価証券の増減額（△は増加）	△590	△2,570
売上債権及び契約資産の増減額（△は増加）	1,325	△10,500
棚卸資産の増減額（△は増加）	△964	△2,784
仕入債務の増減額（△は減少）	4,479	10,074
前払費用の増減額（△は増加）	△4,207	△2,178
未払金の増減額（△は減少）	△1,217	2,011
その他	△15,171	6,434
小計	62,879	32,577
利息及び配当金の受取額	419	418
利息の支払額	△54	△127
法人税等の支払額	△45,298	△12,045
営業活動によるキャッシュ・フロー	17,946	20,822
投資活動によるキャッシュ・フロー		
有形固定資産及び投資不動産の取得による支出	△16,926	△13,078
無形固定資産の取得による支出	△9,164	△12,497
投資有価証券の取得による支出	△1,965	△11,827
連結の範囲の変更を伴う子会社株式の売却による支出	△1,637	—
その他	△1,717	△2,887
投資活動によるキャッシュ・フロー	△31,412	△40,290
財務活動によるキャッシュ・フロー		
長期借入れによる収入	3,181	40,928
転換社債型新株予約権付社債の発行による収入	—	40,535
転換社債型新株予約権付社債の償還による支出	—	△20,000
配当金の支払額	△5,556	△7,075
その他	△426	△896
財務活動によるキャッシュ・フロー	△2,801	53,491
現金及び現金同等物に係る換算差額	292	△278
現金及び現金同等物の増減額（△は減少）	△15,975	33,745
現金及び現金同等物の期首残高	184,082	168,035
連結の範囲の変更に伴う現金及び現金同等物の増減額（△は減少）	△72	—
現金及び現金同等物の期末残高	※1 168,035	※1 201,780

がちゃんと循環していれば、血の巡りがよくなって、身体が健康になります。会社にとってのお金とはそういうものなのです。

　よく、「赤字会社でもキャッシュ・フローさえあれば倒産しない」などと言われますが、まさにその通りです。仮に営業キャッシュ・フローがマイナスだと、これは傷口がパックリ開いていて、止めどもなく血液が流れ続け、放っておくと死んでしまう状態だと言えます。だからしっかり止血しなければなりません。

　営業キャッシュ・フローはプラスであることが大前提であり、マイナスが2期連続、3期連続になると、かなり厳しいと考えられます。
　投資キャッシュ・フローはマイナスが前提です。前述したように、投資をしない会社は成長しないからです。
　そして財務キャッシュ・フローは、一般的に、会社が設立されてビジネスが軌道に乗るまでは、さまざまな投資活動によって資金の借入などをたくさん行う必要があるため、プラスになる傾向があります。
　しかし、ビジネスが成熟段階に入ると、お金が潤沢になるため、そのお金を返済に回したり、配当金として投資家に支払ったりするため、マイナスになります。

　PART1では、有価証券報告書、決算短信、財務三表について、早足で解説してきました。
　ここまで読んで、「こんなに簡単な解説で大丈夫なの？」と感じた人もいらっしゃることでしょう。もちろん、決算書についてまったく知らない人、より詳しく知りたい人は専門の書籍等で知識を深めていただくことをおすすめします。
　しかし、ある程度の基礎知識をお持ちで、「決算書をより速く読みこなしたい」という人は、逆に財務三表の持つ意味合いを、よりシンプルに捉えたほうが目的を達成できる可能性が高まります。

また、「決算書は難しい」「複雑な情報が記載されている」といった
アレルギーをお持ちの人も同じです。

　具体的な速読術は、PART3以降でお伝えしますが、そこでも決算
書や有価証券報告書などの情報を、よりシンプルに、本質的に理解す
る方法をお伝えします。

　次のPART2では、企業が発信するIR情報について基本的なこと
を解説していきましょう。

PART 2

上場企業が
公表する
IR資料の基本

IRカレンダーを
見てみよう

　PART2では、上場企業が公表している IR 資料について基礎的な知識を解説していきます。

　IR とは、「Investor Relations」の略称で、「投資家向け広報活動」などと言われています。**会社の経営状態や財務状況、決算内容、将来的な見通しなども含めて、投資家がその会社に投資するにあたって必要とされる、さまざまな情報を公平に開示することです。**

　公平に開示されますから、誰もがこの情報に接することができます。本書のテーマである決算書も、そのひとつであり、会社のホームページにアクセスすれば、誰でも各種 IR 情報を入手できます。

　では、いつどのような情報が開示されているのでしょうか。それを把握するためには、ホームページの IR 情報のなかにある「IR カレンダー」を見るといいでしょう。

　たとえば、味の素株式会社は 3 月決算です。この会社が 1 年間を通じて、どのようなスケジュールで各種 IR 情報を開示しているのかについて、2023年 3 月決算をベースにして解説します。

決算短信の開示スケジュール

　まず決算短信は、各四半期決算が終わってから開示されます。味の素の場合、 3 月決算企業ですから、

・第 1 四半期 = 4 〜 6 月
・第 2 四半期 = 7 〜 9 月
・第 3 四半期 = 10〜12月
・第 4 四半期 = 翌年 1 〜 3 月

■ 味の素のIRカレンダー

IRカレンダー

年間イベントスケジュール

2024年

2月6日 17:00-18:00	2024年3月期第3四半期決算　電話会議（アナリスト・機関投資家向け）
2月6日 15:00	2024年3月期第3四半期決算発表

2023年

11月7日 10:00-11:30	2024年3月期中間決算　説明会（アナリスト・機関投資家向け）
11月6日 17:00-18:00	2024年3月期中間決算　電話会議（アナリスト・機関投資家向け）
11月6日 15:00	2024年3月期中間決算発表
9月4日 13:30-15:00	IR Day
8月4日 17:00-18:00	2024年3月期第1四半期決算　電話会議（アナリスト・機関投資家向け）
8月4日 15:00	2024年3月期第1四半期決算発表
6月27日 10:00	第145回定時株主総会
6月13日 10:00-12:00	事業説明会
5月12日 10:00-11:30	2023年3月期決算　説明会（アナリスト・機関投資家向け）
5月11日 17:00-18:00	2023年3月期決算　電話会議（アナリスト・機関投資家向け）
5月11日 15:00	2023年3月期決算発表
1月31日 17:00-18:00	2023年3月期第3四半期決算　電話会議（アナリスト・機関投資家向け）
1月31日 15:30	2023年3月期第3四半期決算発表

2022年

11月8日 10:00-11:30	2023年3月期中間決算 説明会（アナリスト・機関投資家向け）
11月7日 17:00-18:00	2023年3月期中間決算 電話会議（アナリスト・機関投資家向け）
11月7日 15:00	2023年3月期中間決算発表
9月14日 14:00-15:30	IR Day
8月25日 10:00-12:00	事業説明会
7月29日 17:00-18:00	2023年3月期第1四半期決算 電話会議（アナリスト・機関投資家向け）
7月29日 15:30	2023年3月期第1四半期決算発表
6月23日	第144回定時株主総会
7月29日 15:30	2023年3月期第1四半期決算発表
5月12日 9:00-10:30	2022年3月期決算 説明会（アナリスト・機関投資家向け）
5月11日 17:00-18:00	2022年3月期決算 電話会議（アナリスト・機関投資家向け）
5月11日 15:00	2022年3月期決算発表
1月31日 17:00-18:00	2022年3月期第3四半期決算　説明会（アナリスト・機関投資家向け）
1月31日 15:00	2022年3月期第3四半期決算発表

という流れになります。

　前述の通り、決算短信は、決算日から45日以内に作成して開示しなければならないというルールがありますが、取引所規則によって30日以内が推奨されています。

　したがって第1四半期の場合だと、6月末にしめてから45日以内ですから、遅くても8月15日までには決算短信を作成して開示しなければなりません。

　ちなみに味の素の場合、2022年6月末にしめた第1四半期決算の決算短信は、同年7月29日に開示されています。これは取引所の推奨に沿ったものと考えられます。

　第2四半期は決算の期初からちょうど半年後にあたるため、これを慣例的に「中間決算」と言います。味の素の第2四半期決算は11月7日発表であり、同時に決算短信が開示されています。

　以下、第3四半期決算の発表ならびに決算短信の開示は、2023年1月31日、そして第4四半期、つまり2023年3月末にしめられた本決算の決算発表ならびに決算短信の開示は、2023年5月11日でした。

　もちろん、各四半期において開示される決算短信は、個人でも簡単に入手できます。また、証券アナリストや機関投資家の人たちに向けて、決算発表が行われた後に、電話会議や会場を借りて開催される決算説明会で、さらに詳しく会社の経営状態について話を聞く場が設けられています。

有価証券報告書の開示スケジュール

　次に、決算短信と並ぶ重要な開示資料である「有価証券報告書」です。PART1でも触れましたが、これは年1回の本決算が行われた後

に作成・開示される IR 資料です。

　有価証券報告書は、決算日から３カ月以内に開示することが、法律によって義務付けられています。したがって３月が本決算の会社であれば、遅くとも６月末までには開示されます。ちなみに味の素の2023年３月期決算の有価証券報告書は、2023年６月27日に開示されました。

IR資料それぞれの
見どころとは？

　決算短信と有価証券報告書は、いずれも財務三表が記載されている
ため、決算書を読むことだけが目的であるならば、どちらに目を通し
ても、内容に大差はありません。

　ただ、前述したように、有価証券報告書は決算が終わってから３カ
月以内の開示が義務付けられています。逆に言えば、３カ月間は開示
しなくてもいい、ということになります。

　したがって、**本決算の結果をいち早く把握したいのであれば、有価
証券報告書に記載される財務三表ではなく、決算短信に記載される財
務三表を参考にしてください。**

速報性に注目したい決算短信

　特に株式投資をしている人たちにとっては、今期の決算がどうなっ
たのかは、非常に関心の高いところだと思います。

「今期の決算は非常によかったらしい」「どうも減益になりそうだ」
といった市場の噂話は、実際に決算短信が開示される前にも方々で流
れてはきますが、基本的には噂の域を出ません。その点、決算短信に
記載されている数字は、監査法人のレビューはもらっていないことに
なっているとはいえ、相応に信頼が置ける数字です。つまり投資判断
を正確、かつ早く下すうえでも、決算短信は有効なのです。

　**ちなみに決算短信に掲載されている内容は、貸借対照表、損益計算
書、株主資本等変動計算書、キャッシュ・フロー計算書、そして簡単
な注記が主なところで、その他、複数の事業領域を持っている企業の
場合は、セグメント情報も記載されています。**

　これらのうち、まだ説明していない「株主資本等変動計算書」につ

いて簡単に触れておきましょう。これも一応、決算書のひとつですが、本質的にそれほど重要なものではないので、とりあえず「そういうものなんだな」という程度に押さえてもらえれば大丈夫です。

　下に示したのは、サイバーエージェントの株主資本等変動計算書です。

　株主資本等変動計算書とは、まさにその名の通り、株主資本の変動の様子を一覧にしたものです。期首と期末とで、資本金や資本剰余金、自己株式、利益剰余金が、どのような理由で、どのように変化したのかがわかります。

■ サイバーエージェントの決算短信「株主資本等変動計算書」

当連結会計年度(自 2022年10月1日 至 2023年9月30日)

(単位：百万円)

	株主資本				
	資本金	資本剰余金	利益剰余金	自己株式	株主資本合計
当期首残高	7,239	11,636	119,204	△1	138,079
当期変動額					
新株の発行(新株予約権の行使)	130	130			260
剰余金の配当			△7,082		△7,082
自己株式の取得				△0	△0
非支配株主との取引に係る親会社の持分変動		451			451
連結範囲の変動			△5		△5
親会社株主に帰属する当期純利益			5,332		5,332
株主資本以外の項目の当期変動額(純額)					
当期変動額合計	130	581	△1,756	△0	△1,044
当期末残高	7,369	12,218	117,448	△1	137,034

	その他の包括利益累計額			新株予約権	非支配株主持分	純資産合計
	その他有価証券評価差額金	為替換算調整勘定	その他の包括利益累計額合計			
当期首残高	5,887	298	6,185	1,747	76,903	222,915
当期変動額						
新株の発行(新株予約権の行使)						260
剰余金の配当						△7,082
自己株式の取得						△0
非支配株主との取引に係る親会社の持分変動						451
連結範囲の変動						△5
親会社株主に帰属する当期純利益						5,332
株主資本以外の項目の当期変動額(純額)	1,308	△106	1,202	345	8,492	10,040
当期変動額合計	1,308	△106	1,202	345	8,492	8,996
当期末残高	7,196	191	7,388	2,092	85,396	231,911

また貸借対照表と損益計算書は、第1四半期から本決算まで年4回、必ず決算短信に掲載されますが、キャッシュ・フロー計算書は第2四半期と本決算のみ開示すればいいことになっています。

　3月決算企業の場合、第2四半期は9月末の中間決算になります。ちょうど半期を終えたというキリのいいところなので、中締め的な意味合いから、キャッシュ・フロー計算書も開示することになっているのです。

　なお、有価証券報告書には「四半期報告書」といって、四半期決算短信とほぼ時を同じくして開示される資料があります。「それなら決算短信の速報性は？」と思った人もいらっしゃると思いますが、四半期報告書が作成されるのは第1四半期、第2四半期、第3四半期で、本決算はあくまでも有価証券報告書になります。

　本決算の有価証券報告書は、前述したように決算日から3カ月以内の開示なので、本決算の数字をいち早く把握するのであれば、やはり決算短信が有効、ということになるのです。

　ただ、四半期報告書と四半期決算短信との違いがほぼないこと、そして両方を作成するのは、会社側も負担が非常に重いということもあり、2024年4月1日から、四半期報告書を廃止して四半期決算短信に一本化することが決まりました。

有価証券報告書ならではの情報に注目

　次に「有価証券報告書」ですが、これも基本は財務三表を必ずチェックすること。そのうえで、有価証券報告書には、決算短信に比べてかなり詳細な情報が記載されているので、その見どころを3つ紹介しておきましょう。

● ①注記事項

　まず注記事項です。決算短信や有価証券報告書に掲載されている損益計算書の勘定科目のひとつに、「販売管理費（販売費及び一般管理費）」があります。

　販売管理費にはさまざまなものがありますが、損益計算書には、これらすべての費用がひとまとめで記載されます。つまり、何にいくらかかったのか、という内訳がわからないのです。それを補うために、有価証券報告書には「注記事項」という項目があり、そこに販売管理費の主な内訳が記載されています。

　これを見ることで、何に最もコストがかかっているのかがわかるので、おおまかにではありますが、会社のコスト構造をうかがい知ることができます。

■ 味の素の有価証券報告書「注記事項」（一部）

※2　販売費及び一般管理費の内訳

	前事業年度 （自　2021年4月 1日 至　2022年3月31日）	当事業年度 （自　2022年4月 1日 至　2023年3月31日）
物流費	11,884百万円	12,308百万円
広告費	18,932	17,826
販売諸費	11,604	11,581
役員報酬	758	859
執行役員報酬	227	－
給料	12,445	13,011
賞与	12,329	11,863
役員賞与引当金繰入額	538	409
役員株式給付引当金繰入額	190	543
退職給付費用	5,666	4,991
退職金	807	607
福利厚生費	6,508	7,898
旅費交通費	320	934
減価償却費	7,309	7,442
研究開発費	18,930	19,055
賃借料	1,008	939
業務委託料	8,139	8,340
業務受託料収入	△5,539	△5,485
その他	18,153	18,952

※3　販売費に属する費用のおおよその割合は前事業年度32.6％、当事業年度31.6％、一般管理費に属する費用のおおよその割合は前事業年度67.4％、当事業年度68.4％です。

●②設備の状況

　業種にもよりますが、設備投資型の会社であれば、有価証券報告書の「設備の状況」という項目に注目してみてください。

　ここには、現在どのような設備を保有しているのか、新たに計画している設備投資計画では、どのような設備にいくら投資しようと計画しているのかも記載されています。**経営方針と照らし合わせれば、設備投資の戦略も、なんとなく見えてくるはずです。**

●③人的資本

　もうひとつ、2023年3月期決算の有価証券報告書から、新たな項目の記載が義務付けられました。「人的資本開示の義務化」がそれです。人的資本に関する情報を有価証券報告書に記載し、ステークホルダーへ開示することが義務付けられたのです。

　人的資本とは、人が持っている能力を会社にとっての「資本」として捉える考え方です。よく「人的資源」という言葉が使われますが、それに近いでしょう。人的資源というと、なんとなく使い捨てられる、効率よく消費される、というイメージが先に立ちます。これは経済が高度成長し、人口がどんどん増えるなかで、労働人口も増え続けた時代の考え方と言ってもいいのかもしれません。

　こういう時代において、人は資源ではなく、単なるコストと考えられていました。だから、社員にかかったお金は会計上、「人件費」というコストとして見なされ、損益計算書上においては販売管理費に含まれていたのです。しかし、本格的な人口減少社会になり、労働人口がどんどん減っている昨今において、人はけっして使い捨てられる資源ではなく、将来、より大きな成果を会社にもたらす「資本」として捉えられるようになってきました。

　会社に大きな成果をもたらすためには、人を育てなければなりません。あるいは、社員にとって働きやすい職場環境をつくったり、社員の健康状態に配慮したり、正社員と契約社員、男性社員と女性社員な

■ 味の素の有価証券報告書「設備の状況」（一部）

第3【設備の状況】

1【設備投資等の概要】

当社及び連結子会社では、生産部門の合理化及び品質向上を目的とした設備投資のほか、成長が期待できる製品分野への投資を継続的に行っております。

当連結会計年度の設備投資額の内訳は次のとおりです。

セグメントの名称	設備投資金額（百万円）	主な内容
調味料・食品	29,157	食品生産設備の建設及び増強等
冷凍食品	11,522	食品生産設備の建設及び増強等
ヘルスケア等	24,596	医薬品生産設備の増強等
その他	789	情報設備の更新等
小　計	66,065	―
全社	3,784	情報設備の更新等
合　計	69,850	―

（注）設備投資金額には、無形資産への投資金額も含まれております。

なお、当連結会計年度において重要な設備の除却等はありません。

2【主要な設備の状況】

当社及び連結子会社における主要な設備は、以下のとおりです。

（1）提出会社

2023年3月31日現在

事業所名	セグメントの名称	所在地	設備の内容	帳簿価額（百万円）						従業員数（名）
				建物及び構築物	機械装置及び運搬具	土地（面積千㎡）	使用権資産（面積千㎡）	その他	合計	
川崎事業所各研究所	調味料・食品冷凍食品ヘルスケア等その他	川崎市川崎区	調味料・加工食品製造設備、アミノ酸製造設備、研究開発施設等	32,553	4,025	3,807（37）	11	3,069	43,556	1,068（70）
東海事業所	調味料・食品ヘルスケア等その他	三重県四日市市	調味料・加工食品製造設備、アミノ酸製造設備等	9,299	7,448	1,104（238）	55	742	18,649	346（80）
九州事業所	調味料・食品ヘルスケア等	佐賀県佐賀市	調味料・加工食品製造設備、アミノ酸製造設備等	4,229	5,700	777（231）	3,053（6）	248	14,009	176（62）
各支社	調味料・食品冷凍食品	東京都港区他	販売設備他	2,342	13	3,388（8）	6,781	219	12,745	525（―）
本社他	調味料・食品冷凍食品ヘルスケア等その他	東京都中央区他	本社ビル、販売設備他	7,289	968	3,057（62）	5,032（14）	1,158	17,505	1,220（―）

（注）1．帳簿価額のうち「その他」は、工具器具及び備品であり、建設仮勘定を含んでおりません。

（注）2．従業員数の（ ）内は臨時従業員数を外数で記載しております。

（注）3．使用権資産のうち土地については、土地の面積を外書で記載しております。

どの区分けに関係なく、誰にでも公平に昇進の機会が持てるようにすることも必要になります。そこで会社は、人的資本をより手厚いものにするため、人に対して投資をする必要があります。

会計ルール上、「人件費」というコスト扱いにせざるを得ませんが、その本質はけっして「コスト」ではありません。投じた資金を上回るリターンが得られることを期待して行う、まさに「投資」なのです。そして、人的資本への投資は、企業価値の向上につながっていきます。

現状、人的資本に関しては、どういうフォーマットで何を入れるのかが、会社側の任意とされています。ただ、2022年8月30日に、内閣官房が人的資本開示の在り方をまとめた「人的資本可視化指針」を策定し、下記の「開示することが望ましい19項目」を公表しています。

【育成分野】

・リーダーシップ

・育成

・スキル／経験

【エンゲージメント分野】

・エンゲージメント

【流動性分野】

・採用

・維持

・サクセッション

【ダイバーシティ分野】

・ダイバーシティ

・非差別

・育児休業

【健康・安全分野】

・精神的健康

・身体的健康

・安全

【労働慣行およびコンプライアンス／倫理分野】

・労働慣行

・児童労働／強制労働

・賃金の公正性

・福利厚生

・組合との関係

・コンプライアンス／倫理

　まだ、義務付けられたばかりで、2023年3月決算企業が有価証券報告書に掲載したのが初めてのケースになります。したがって、各社開示の仕方がさまざまではありますが、次ページでは一例として引き続き味の素の有価証券報告書から、人的資本の項目の一部を掲載しましょう。

　誌面の都合上すべて掲載することはできませんが、ここでは、「人財育成方針」「人財に係るマネジメント体制」「志の醸成と共感」「多様性」「挑戦」「Well-Being に関する取組み」「人的資本経営に関係する外部機関等からの評価」という7つの観点からの情報が6ページにわたって開示されています。

　今後、「人材育成にかけた時間やコスト」「売上に対して社員の教育コストをどのくらいの割合でかけたのか」などが定量的に開示されることが一般的になれば、新しい形の会社分析も可能になりそうです。

■ 味の素の有価証券報告書「人的資本の項目」（一部）

味の素グループの人的資本に対する考え方＞

　当社グループは経営戦略の実現にあたり、4つの無形資産（技術・人財・顧客・組織）が重要であると考えています。特に無形資産全体の価値を高める源泉であり、技術と顧客をマッチングさせイノベーションを生み出す人財資産の重要性は高いと考えています。また、志（パーパス）の実現に向けた主たる課題は下記と考えています。

・味の素グループ全体で共有する価値観や志の更なる浸透
・食品とアミノサイエンス、地域、ジェンダー、キャリア等を融合するダイバーシティ・エクイティ＆インクルージョンの考え方の下、クロスセクショナルチームの取組みを推進し、イノベーションを共創する力の強化
・創業以来、大切にしている価値観の一つである開拓者精神（新しい事業、新市場の開拓に常に挑戦し続ける精神）の強化

1) 人財育成方針

　志に共感する仲間が集い、対話を通じた"志の醸成と共感"の促進に加え、"多様性"と"挑戦"を加速することでイノベーションを共創し、継続的に人財資産を強化します（人財投資額（*7）：2022年度約100億円／23-30年累計1,000億円以上）。当社グループは従業員のエンゲージメントが企業価値を高める重要な要素と位置付け、従業員エンゲージメントスコア（*8）の向上を推進します（実績：2022年度62%　目標：2025年度80%／2030年度85%）。また、従業員のWell-beingは人財資産の強化を支える基盤と考え、健康増進や資産形成等、広い観点で従業員のWell-being向上にも取り組みます。

　　*7　機会投資含む金額
　　*8　測定方法を、「ASV自分ごと化」の1設問から、より実態を把握できる「ASV実現プロセス」の9設問の平均値
　　　　（2022年度実績：75%）へと2023年度スコアから変更します。

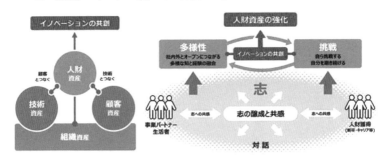

その他のIR資料にも
注目しよう

　ここまで、決算短信と有価証券報告書について解説してきました。
　企業が公表しているIR資料は、これらの他にも存在します。決算書を速読する際に補助的に使うこともあるため、本章の最後にそれらについて少し解説しておきましょう。

決算説明会資料は見た目にごまかされるな

　前述したように、決算短信や、四半期報告書を含む有価証券報告書は、あらかじめフォーマットが決められています。したがって、会社独自の表記はできません。
　その意味では非常に堅苦しい開示資料とも言えるのですが、最大のメリットは他社比較が容易にできることです。
　会社ごとに表現方法がバラバラだったら、必要な項目を探すのもひと苦労です。したがって、表記方法が統一されていることは、決算書を素早く読み込むためにも、とても便利なのです。
　これに対して、開示資料の一種ではありますが、有価証券報告書などに比べてはるかに自由な表現が可能なものもあります。「決算説明会資料」がそれです。
　ちなみに、決算短信は証券取引所によって、有価証券報告書は金融商品取引法によって、作成・開示が義務付けられていますが、決算説明会資料はなんの義務もありません。会社によっては、いっさい作成していないところもあります。
　作成・開示すらなんの縛りもないのですから、表現方法が自由なのも当たり前と言えば当たり前です。実際に複数社の資料を見比べると、その違いがよくわかります。

恐らく、決算短信や有価証券報告書に比べて、非常にわかりやすいと思います。見どころとなるべき数字を大きく表記したり、過去からの業績推移をグラフや一覧表で表したりと、有価証券報告書に記載されている無味乾燥な文章とは違い、極めて平易な書き方がされています。

決算説明会資料は 会社のすべてを語るものではない

ただし、2つほど注意点があります。

まず、**決算説明会資料だけでその会社の本当の姿を知るのは難しい**ということです。なぜなら、ここに記載されている内容の多くが損益計算書に基づいた情報だからです。貸借対照表に代表される財務情報は、ほとんど掲載されていません。

次に、**会社側が好きなように作成できる資料なので、自分たちにとって都合の悪い情報を、意図的に隠している恐れがあること**です。逆に、掲載されている情報は、会社にとって都合のいい情報ばかりの場合もあります。

さらにもうひとつ言うならば、決算説明会資料は誰のチェックも受けていないということです。

もちろん、社内チェックはありますが、有価証券報告書のように、監査法人のチェックは受けていません。決算短信も表向きは監査法人のチェックを受けていないことになってはいますが、前述したように決算短信と有価証券報告書の数字に違いがあるのは望ましくないので、実際には、ほとんどの場合において、監査法人が目を通しています。**つまり決算説明会資料は、決算短信や有価証券報告書に比べて信頼性に劣るとも言えるのです。**

会社を知る手掛かりとしては有効

　ただし、決算説明会資料は、会社を知るひとつの手掛かりとしては有効です。

　たとえば、よく知らない会社の事業内容。味の素のように、誰もが会社名を知っていて、どういう商品をつくり、販売しているのかがおおまかにわかっているような会社ならともかく、現在、東京証券取引所などに上場されている会社のなかには、社名を聞いただけでは何をメインの事業にしているのか、想像もつかないような会社もあります。特に、個人向けではない、対企業のビジネスを中心にしているBtoB企業であればなおさらです。

　この手の会社の中身を知りたいというとき、恐らく決算短信と有価証券報告書だけでは、なかなかイメージできません。そういうとき、決算説明会資料に併せて目を通すと、その会社のおおまかな姿がイメージできるのです。

非財務情報もわかる統合報告書

　最近、「統合報告書」を作成している会社が増えています。これも決算説明会資料と同じように、作成が義務付けられているものではありません。あくまでも会社の任意です。したがって、監査法人のチェックは受けていませんし、フォーマットも各社独自のものになっています。

「統合報告書」という名称を初めて聞いた人は、恐らくこんなことを考えたのではありませんか。「何を統合したの？」と。

　統合報告書とは、「有価証券報告書や決算短信に掲載されている財務情報に非財務情報を加えたもの」と考えていただければいいでしょう。

さらに言うと、有価証券報告書は基本的に過去の企業経営の成績を、貸借対照表と損益計算書、キャッシュ・フロー計算書という財務三表で表現したものであるのに対し、**統合報告書は将来、会社の経営をどうしていくのかというような、将来に軸足を置いて説明している点が大きな違いです。**

　非財務情報とは、財務三表以外の会社情報のことです。といっても、これではなんのことかわからないと思いますので、いくつか代表的な非財務情報を挙げてみましょう。

・ビジネスモデル
・事業戦略
・CSR
・ガバナンス

　以上が、代表的な非財務情報です。

　ビジネスモデルと事業戦略の関係性は、事業戦略がビジネスモデルに組み込まれていると考えていただければいいでしょう。**つまりビジネスモデルとは、売上を上げるための製品・サービス、事業戦略、収益構造、想定顧客などを含む概念です。**

　では、「CSR」「ガバナンス」とは何を指すのでしょうか？

● **CSR**

　CSR は「Corporate Social Responsibility」のことで、「企業の社会的責任」と訳されています。

　ちょっと曖昧な言葉ですが、要するに会社も社会の構成員のひとつなのだから、「利益のためならなんでもやる」というのではなく、**自分たちの活動が社会に及ぼす影響に配慮し、あらゆるステークホルダー、つまり消費者、取引先、投資家、地域、従業員も含めて、すべての利害関係者からの要求に対して適切な対応を取る**という意味で

す。近年、話題になっている ESG や SDGs への対応もそのひとつと言っていいでしょう。

　ちなみに ESG とは、E（Environment：環境配慮）、S（Social：社会性）、G（Governance：企業統治）の３つの観点から会社を分析し、それらに配慮した経営を行っている会社に投資するという、ある種、投資家に課せられた責務のようなものです。

● ガバナンス

　そしてガバナンスですが、ESG にも含まれているもので、「企業統治」を意味します。企業統治と言うと、なんのことかよくわからなくなってしまいますが、**要するに「健全な企業経営が行われるような監視・統制が確立されているかどうか」**ということです。正式には「コーポレート・ガバナンス」と言います。

　統合報告書には以上のような非財務情報がふんだんに盛り込まれており、かなり立派なつくりになっています。写真も豊富に使用されていて、フルカラーのものが大半です。

　別な見方をすると、内容が充実した会社のパンフレットみたいなものです。したがって、読んでもらいたい対象者も投資家だけでなく、取引先や顧客、就職活動中の学生など、より幅広くなります。特にBtoB 系で、一般の人から見ると中身がよくわからない会社の場合、会社を知ってもらうという意味でも有効です。

　ただ、非財務情報に関しては数値化しにくい面があるので、特に投資家の立場からすれば、どう評価すればいいのかわからないという問題があります。

　これに関しては、株価は必ずしも財務データだけで決まるものではない反面、最近は機関投資家の間でも、非財務情報を重視する動きがあったりするので、その意味で統合報告書を出す会社が増えつつあるとは思うのですが、会計士の立場から言わせてもらうなら、やはり数

値化できないものは、「よくわからない」というのが正直な感想です。

　したがって、いくら非財務情報が重要だといっても、**最終的には利益に反映されるようにならなければ、なんの意味もないと考えています**。ビジネスモデルにしても、ガバナンスにしても、あるいは環境対応にしても、最終的には売上増と利益増につながり、さらには財務状況の改善に反映されることが重要なのです。

▎未達になることもあるけれど、目を通しておきたい「中期経営計画」

　中期経営計画とは、３〜５年程度の経営計画をまとめた資料です。３年後、あるいは５年後に、この会社はこうなっていて、売上や利益はこうなるという目標を示すのと同時に、現状とのギャップを社員全員が認識することで、その目標に向かって努力するために設定されるのです。一種のロードマップのようなものと考えればいいでしょう。

　これも、「なんとでも書けてしまう」などと言うと身も蓋もありませんが、参考情報のひとつとして目を通しておいたほうがいいIR資料です。

　中期経営計画も、決算説明会資料や統合報告書と同じで、監査法人のチェックを受けずに開示することができるため、バラ色の将来計画を出すこともできます。とはいえ一応、上場企業が外部に対して「わが社はこの３年（あるいは５年）で、どのような課題に取り組み、それを達成することによって、売上や利益をこのように伸ばしていきます」ということにコミットしたものですから、それに向けてどのような経営努力をしていくのか、といった経営の方向性が見えるという点で、特に投資家などは目を通しておくべきだと思います。

　ちなみに、各企業はこの中期経営計画をベースにして、さらに毎年の目標を設定するわけですが、この１年ごとの目標を設定したものを「短期経営計画」などと呼びます。

また、それとは逆に10年程度の長期的なビジョンを策定するケースもあり、これを「長期経営計画」と言います。

問題は、これらの経営計画を本当に達成できるのか、ということです。短期経営計画に関しては、１年後の目標なので、その間に不測の事態が生じて未達に終わるという可能性はそれほど高くありません。

しかし、３〜５年、あるいは10年先の経営計画となると、先が長いだけに、その間に不測の事態が生じて計画が未達に終わるリスクが高まります。

たとえば最近の事例を挙げると、2020年に入ってから深刻化した新型コロナウイルスのパンデミックがあります。

恐らく2019年の時点で、未知のウイルスが世界中に広まり、経済活動が大幅に後退させられるような事態に陥るなどということは、誰も想像していなかったでしょう。当然、パンデミック以前、たとえば2019年時点に策定され、2022年に最終年度を迎えた中期経営計画は大半が未達で終わったはずです。

ましてや10年先の長期経営計画になると、そこまで先のことを読み切ることはできません。したがって、中期経営計画や長期経営計画は、あくまでも参考程度に見ておく、というくらいに考えておけば十分です。

おまけ的に「株主通信」

このように、IR資料にはたくさんの種類があります。その最後に、おまけといっては何ですが、「株主通信」にも触れておきましょう。

これも作成は会社の任意になっています。したがって、株主通信を作成している会社もあれば、作成していない会社もあります。

多くの場合、株主通信は株主総会の２週間前まで全株主に郵送されてくる、定時株主総会の招集通知に同封されています。

内容は「社長メッセージ」と「業績ハイライト」がメインで、それ以外に新製品や新サービスの紹介、トピックス、会社として取り組んでいるプロジェクトなど、前回の決算から今回の決算までのニュース的な記事が掲載されています。

　また、定時株主総会の招集通知には、その添付書類として「会社法計算書類」が含まれています。

　有価証券報告書は金融商品取引法に基づいて開示が義務付けられていますが、この会社法計算書類は、会社法という法律に基づいて、株主に送ることが義務付けられています。

　中身はいわゆる決算書です。貸借対照表と損益計算書は必ず盛り込まなければなりませんが、キャッシュ・フロー計算書は任意です。

　このように、IR資料には開示が義務付けられているもの、各社が任意で開示しているものなど、さまざまな種類があります。

　本書で紹介する「決算書の速読術」は、主に有価証券報告書を用いますので、ここで紹介したIR資料すべてに目を通す必要はありません。しかし、目的によっては役に立つ資料もありますので、知識として知っておくに越したことはありません。

　現在は、IR資料の大半が企業のウェブサイトで公開されていますので、一度目を通してみることをおすすめします。

　続くPART3では、いよいよ「決算書の速読術」の具体的な方法について解説していきましょう。

PART 3

決算書の「超」速読術 1

財務三表は
ここを読め！

まったく知らない会社の
ことを知るための方法

　監査法人の仕事をしていると、社名を聞いたことがないような会社の決算書を監査しなければならないことがあります。

　株式投資をしている人も、東京証券取引所に上場されている全銘柄について、社名を聞いただけでなんの会社なのか、どういうビジネスを柱にしているのかが瞬時にわかるという人は恐らくほとんどいないでしょう。何しろ東京証券取引所に上場されている会社の数は、約4000社にものぼります。

　大抵は何かの機会にその会社のことを調べなければならない状況になって初めて決算書などをチェックし、その会社の中身を理解するという感じだと思います。それは、もちろん私も同じです。

　では、まったく知らない会社、どのようなビジネスをしているのかまったく見当もつかない会社、社名しか知らないような会社の決算書を分析する場合、まずどこから着手すればいいのでしょうか。

　本章まで決算短信や有価証券報告書に記載されている内容を中心に説明してきました。もちろん、この後もそれらに関する速読法を柱にして解説を続けていきますが、まったく知らない会社の場合、決算短信や有価証券報告書を見ただけでは、恐らく分析を続けるのが苦しくなっていくばかりだと思います。

　もちろん、有価証券報告書を丹念に読み込んでいけば、徐々にどういう会社なのかがわかってきますが、そもそも本書は「速読」がテーマなので、丹念に読み込んでいては話になりません。**決算短信や有価証券報告書に記載された決算書を速読するためには、まずその会社の概要をざっくり把握しておく必要があります。**

まず、決算説明会資料と　ホームページに目を通す

　その際に私が頼るのが、決算説明会資料とその会社のホームページです。

　大体、この２つの資料に目を通すと、どのようなビジネスなのかがわかりますし、たとえばモノを売る商売だとしても、小売なのか、卸売なのか、何を売っているのかということが見えてきます。

　たとえば、「ナブテスコ」という会社は何をしているところでしょうか。

　会社のホームページを見ると、会社案内が掲載されています。その表紙には「うごかす、とめる」と書かれています。ここから、機械の制御に関連した何かを提供している会社であることがわかります。

　あとは、その会社案内のページを１ページずつ繰っていくと、自動ドアやホームドアを製造している会社であることもわかります。もちろん、それはさまざまな業務の一部に過ぎませんが、社名を聞いただけではピンとこなくても、実は案外、私たちの身近なところに製品を供給している会社であることに気がつくでしょう。

　こうして、「BtoB系の製造業である」ということがわかるだけでも、有価証券報告書や決算短信を速読する際の見当がつけやすくなります。

　では、いよいよ決算書の速読法について、順を追って解説していきたいと思います。本書では「有価証券報告書」に記載されている事項を中心に解説していきますが、その中核になるのが「財務三表」と言われる「貸借対照表」「損益計算書」「キャッシュ・フロー計算書」ですので、まずは財務三表を速読するポイントから説明していきたいと思います。

貸借対照表速読のポイント
── 企業の「安全性」を見極める

ポイント❶ 徐々に解像度を高めていく

　貸借対照表を速読するうえでまずするべきは、大雑把に数字を把握することです。前述したように、貸借対照表は3つの箱によって構成されていますから、資産の合計額、負債の合計額、純資産の合計額を抽出して、それを右のような3つの箱に記入して眺めます。

　これを眺めるだけで、その会社が安全かどうか、つまり倒産せずにすむかどうかを見極めることができます。

　ここでもう一度、貸借対照表の右側にある2つの箱の意味を思い出してください。

・「負債」＝将来、返済しなければならないお金
・「純資産」＝返済義務を負わないお金

でした。では、次に2つの会社の貸借対照表の数字を見比べてみましょう。

> 会社Aは資産の合計額が100億円。これに対して負債の合計額が40億円、純資産の合計額が60億円あります。
> 会社Bは資産の合計額が1000億円。これに対して負債の合計額が800億円、純資産の合計額が200億円です。

　あなたがもし、このどちらかの会社に投資する、あるいは就職する場合、安全性を重視するならどちらを選びますか。

[会社B]

資産 1000億円	負債 800億円
	純資産 200億円

[会社A]

資産 100億円	負債 40億円
	純資産 60億円

自己資本比率：60%

自己資本比率：20%

日本では就職先としても、また取引先としても、規模の大きな会社が信頼されます。その点で言えば、会社Bの規模は会社Aの10倍ですから、信頼されるのは会社Bと答える人が多いかもしれません。

　しかし、貸借対照表で考えると、会社Bは負債が800億円もあります。負債は将来必ず返済しなければならないお金ですから、その額が多いほど、将来会社のお金がどんどん減っていくことになります。

　この点、会社Aは資産規模の比較で、会社Bの10分の1しかありませんが、純資産の合計額が負債の合計額を上回っています。**つまり、会社Aは会社Bに比べ、返済しなければならない金額の割合が少ないわけです。そう考えれば当然、安心できるのは会社Aです。**

　このように、資産の合計額に占める純資産の合計額をパーセンテージで示したのが「自己資本比率」です。下の図のように、**自己資本比率が高い企業は、それだけ安全性が高いことになります。**

　ちなみに、会社Aの自己資本比率は「60億円÷100億円＝60％」になり、会社Bのそれは「200億円÷1000億円＝20％」になりますから、圧倒的に会社Aのほうが高くなります。

■「自己資本比率」は安全性を測るバロメーター

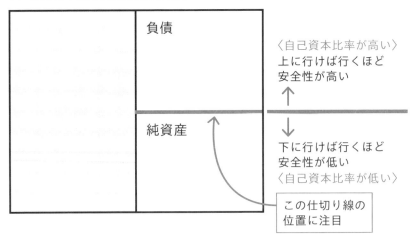

　貸借対照表は、会社の財務状況を把握するための決算書です。会社の財務状況とは、言い換えるならば、「会社が今後とも安心して経営を続けられるだけの基盤を持っているかどうか」ということです。

　資産の合計額、負債の合計額、純資産の合計額という、３つの数字のバランスを見れば、大雑把ではありますが、その全体像を素早く把握できるのです。

ポイント❷ 将来のリスクを嗅ぎ分ける

　貸借対照表をもう少し細かく見ると、その会社の将来的な安全性も見えてきます。

　貸借対照表の「資産の部」には、「流動資産合計」と「固定資産合計」、「負債の部」には、「流動負債合計」と「固定負債合計」の金額が掲載されています。

「流動」と「固定」の意味がわからないという人も多いでしょう。まずはこの意味を説明したいと思います。これは期間のことで、１年以内を「流動」、１年超を「固定」とします。したがって、

・流動資産：１年以内に現金化できる資産
・固定資産：１年を超えないと現金化できない資産
・流動負債：１年以内に返済しなければならない債務
・固定負債：返済期限まで１年超ある債務

となります。

　会社の短期的な支払能力は、「流動資産」と「流動負債」の大小を比較することで測ることができます。

　流動負債の額が流動資産の額よりも大きいと、どうなるのか想像してみてください。１年以内に返済しなければならない債務がたくさんあるのに、１年以内に現金化できる資産が少ないとなったら、恐らく

1年以内に資金繰りが厳しくなるでしょう。

　逆に、1年以内に現金化できる資産がたくさんあるのに対し、1年以内に返済しなければならない債務が少ない会社は、当面資金繰りに余裕があることになります。

　もちろん、資金繰りが厳しくなったときには、銀行への返済を遅らせるための交渉をしたり、追加でお金を借りたりして延命措置をはかろうとしますから、「流動資産＜流動負債」だからといって、その会社がすぐに倒産するとは限りません。

　とはいえ、やはり「流動資産＞流動負債」であるに越したことはありません。

　このように、流動資産と流動負債から会社の安全性を見るためにあるのが、「流動比率」という数字で、以下の計算式から求めることができます。

・流動比率（％）＝流動資産÷流動負債×100

　また、固定資産と固定負債ですが、固定資産には製品をつくるための機械装置や建物などが含まれます。これらは1年以内に売却して現金にするのが難しいですし、そもそも長期間の使用が前提になります。**業種にもよりますが、資産の合計額に占める固定資産の比率は低いほうが望ましいとされます。**

　一方、固定負債ですが、これは返済期限までの期間が1年超の債務ですから、たとえば5年後に返済期限が到来する借入金などが該当します。**借金の返済期間は先に行けば行くほど望ましいので、負債の合計額に占める固定負債の比率は高いほうが望ましいとされます。**

■ 流動資産・負債と固定資産・負債

		定　義	具体例
資産	流動資産	資産のうち1年以内に現金化されるもの	現金、普通預金、売掛金、有価証券
	固定資産	資産のうち現金化するのに1年を超えるもの	土地、建物、機械装置、車両運搬具
負債	流動負債	1年内に支払わなければならない債務	買掛金、短期借入金、前受金
	固定負債	支払期限が1年超の債務	長期借入金、社債、退職給付引当金

ポイント❸ さらに細かく貸借対照表の中身を見る

　流動比率の意味が理解できたところで、さらに細かく会社の安全性について考えてみましょう。

　ここでは流動資産、流動負債、純資産という3つの項目について、さらに細かく見ていきたいと思います。

● 流動資産

　流動資産は「1年以内に現金化されるもの」であり、資産の合計額に占める流動資産の比率が高いほうが、会社の安全性が高いと考えられます。

ただ、注意しなければならない点があります。**それは、流動資産のなかにも１年以内の現金化が確実なものと不確実なものがあるということです。**

　流動資産の内訳を見ると、さまざまな項目（勘定科目と言います）が含まれています。どのような勘定科目で構成されているのかは会社によって異なるのですが、一般的には「現金」「預金」「有価証券」「売掛金」、商品や製品などの「棚卸資産」「貸倒引当金」などが含まれています。

　このうち、最も確実に現金化できるのは、もちろん金庫の中に入っている現金です。他にも預金はいつでも銀行から引き出せますし、会社が余裕資金を運用するために保有している株式や債券などの有価証券も、証券会社に売却注文を出せば注文が約定された日から起算して３営業日目には現金化されます。つまり現金、預金、有価証券については、１年以内の現金化は確実です。

　では、それ以外の流動資産はどうでしょうか。

　まず売掛金ですが、これは商品やサービスを顧客に販売したものの、その代金が未回収になっているものを指します。基本的に、支払い期日が到来すれば、その代金は入金されてくるはずですが、不幸にして取引先が倒産してしまったりすると、その代金を回収できる可能性は大きく低下します。

　次に、棚卸資産はどうでしょうか。棚卸資産とは、仕入先から購入した商品や、製造した製品が主であり、それ以外にも製造途中の製品である仕掛品、製品のもとになる原材料も含まれます。

　これら棚卸資産も、特に何もなければ一定期間後には顧客に販売することができるので、現金化できるわけですが、問題は売れ残りのリスクがあることです。原材料も大量に仕入れ過ぎてしまったら、使い切ることができずに廃棄処分せざるを得ません。

したがって棚卸資産は流動資産に含まれるとはいえ、そのすべてを現金化できるかというと、実はそうではないのです。**基本的に、流動資産のなかでも売掛金や棚卸資産は少ないほうがいいと言えます。**

● 流動負債

2つめは「流動負債」です。1年以内に支払い期日が到来する債務を流動負債と言います。一般的なイメージとしては、「できるだけ減らしたほうがいい」ということでしょう。たしかに、流動負債の金額が大き過ぎると、その会社は1年以内に倒産する恐れが高まります。

しかし、実は流動負債の項目のなかには例外があるのです。

それは「前受金」（あるいは「契約負債」）という勘定科目です。流動負債の大半は、返済などによって1年以内に流出するお金ですが、前受金は将来、お金が出ていくものではありません。

前受金とは、顧客に商品やサービスを提供する前に、その利用料金などを受け取っている状態です。受け取ったお金が前受金として流動負債に計上され、商品やサービスが実際に提供されると、その都度、前受金が取り崩されていきます。具体的な事例を挙げると、フィットネスクラブやエステティックサロン、英会話教室などで年会費を前もって受領するような業種が該当します。最近流行りのサブスクリプション型サービスなども同じです。

同じ流動負債でも、買掛金や借入金は将来出ていくお金ですが、前受金の場合、将来商品やサービスを提供する義務は負っているものの、お金は出ていきません。

前受金が計上されている場合、それとほぼ同額の売上も計上されるので、流動負債の勘定科目ではありますが、前受金の金額は多ければ多いほどいいのです。

● 純資産

　3つめは「純資産」です。純資産とは、株主から集めた「資本金」ならびに「資本剰余金」、そして自社で稼いだ利益の蓄積である「利益剰余金」で構成されています。

　たとえば、純資産合計額が100億円の会社が2つあるとします。

会社Aは、資本金と資本剰余金の合計額が20億円で、利益剰余金が80億円あります。

対して会社Bは、資本金と資本剰余金の合計額が80億円で、利益剰余金が20億円です。

　はたして、会社Aと会社Bとでは、どちらのほうが優良企業と言えるでしょうか。

　答えは会社Aです。

　会社Bの場合、たしかに会社Aと同じように100億円の純資産を持っていますが、**問題は利益剰余金が少ないことです。つまり、利益を生み出す力がない会社であると考えられるのです。**利益を生み出せないから、株主からの出資を仰ぐことによって、なんとか会社の命脈を維持しているようにも見えます。

　逆に会社Aは、株主からの出資に依存しなくても、自力で収益を稼ぎ出し、その利益を着々と蓄積していることがうかがわれます。

　業績が赤字でも、なぜか株主からうまく資金調達をしてくる会社は一定数存在するのですが、自力で稼ぐ能力のない会社の経営は、どこかの時点で必ず限界を迎えます。

　以上が貸借対照表を速読する際に確認すべき項目です。

　ここでのポイントは「見る順番」です。

　次ページの図は、ここまで解説してきた貸借対照表の読み方をわかりやすく表現したものです。この順番のように、最初はざっくりと全

■ 貸借対照表の読み解き方

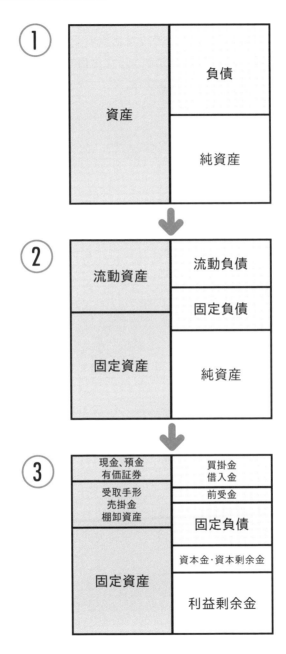

体像を眺め、徐々に細かいところの数字を確認するようにすると、難解な数字の羅列に見える貸借対照表の中身を理解しやすくなります。

　数字の羅列を上から順に読み込もうとするのではなく、「企業の安全性を判断する」という視点で各ポイントに注目することで、その会社の本当の姿が徐々に見えてくるのです。

損益計算書速読のポイント
—— 企業の「収益力」を見極める

次に、損益計算書について見ていきましょう。

損益計算書がどういうものなのかを端的に言い表すと「儲ける力（収益力）があるかどうか」を見抜くためのものです。

会社である以上、商品やサービスを顧客に販売して売上を上げ、そこから各種経費を差し引いたうえで、利益を出せるかどうかが重要になってきます。もちろん、利益が出なかったとしたら、その会社は存在意義すら失われると言っても過言ではありません。

ポイント❶　収益力の有無を見抜く

では、損益計算書を読み解く際のポイントはどこにあるのでしょうか。貸借対照表を見たときと同じように、**損益計算書も大雑把に数字を把握するところから始めます。**

この場合、見るべき勘定科目は次の2つです。

・売上高
・親会社株主に帰属する当期純利益

ちなみに上記2つの勘定科目中、「親会社株主に帰属する当期純利益」とは、企業グループ全体の純利益である「当期純利益」のうち、企業グループの親会社の株主に帰属する純利益のことです。

前述したように、損益計算書は会社の収益力を見るためにあります。収益力とは稼ぐ力、すなわち会社が利益を生み出す力のことです。営利企業である株式会社は、できるだけ多くの利益を獲得し、出資し

てくれた株主にその利益の一部を配当金として還元することを目的として経営されているので、「収益力はその会社の本質」と言ってもいいでしょう。

　以下の比較事例を見てください。会社Aと会社Bの収益力を比べてみたいと思います。

会社Aの売上は1000億円。このうち費用が900億円で、当期純利益は100億円です。
会社Bの売上は100億円。このうち費用は40億円で、当期純利益は60億円でした。

　さて、どちらの会社の収益力が高いと考えられますか。

　答えは会社Bです。
　会社Aは売上が1000億円で、会社Bの10倍もあります。しかし、売上に占める当期純利益の割合は、会社Bのほうがはるかに上です。
　このように、売上に占める当期純利益の比率を「当期純利益率」といって、次の計算式で算出できます。

・当期純利益率（％）＝当期純利益÷売上高×100

　会社Aと会社Bの当期純利益率を比較してみましょう。

・会社A：100億円÷1000億円×100＝10％
・会社B：60億円÷100億円×100＝60％

　会社が成長するうえで売上は非常に大事です。しかし、いくら売上の規模が大きくても、無駄遣いばかりをしていては利益を残すことができません。利益が残らなければ配当を支払うことができず、投資家

から見放されてしまいます。無駄遣いをできるだけ減らし、収益力の高い経営体質を築くことも、会社にとっては大切なのです。

　なお、企業単体で作成される個別財務諸表と、グループ会社の数字も含めた連結財務諸表とでは、純利益を示す用語が異なります。

・**個別財務諸表**：「税引前当期純利益」「当期純利益」
・**連結財務諸表**：「税金等調整前当期純利益」「親会社株主に帰属する
　　　　　　　　　当期純利益」

　この節では、概念をよりわかりやすく表現するため、主に個別財務諸表の用語を使用しますので、あらかじめご承知おきください。

> ### ポイント❷ ｜ ５つの「利益」から収益力を読む

　損益計算書速読のポイント①では、かなり大雑把に会社の収益力を把握するための見方について説明しました。

　また、説明をよりわかりやすくするため、売上からすべての費用を差し引いた「当期純利益」にフォーカスしました。つまり、各種費用をひとつの塊で見て、収益力を見抜くための方法を提示しました。

　ポイント②では、ひと塊で見ていた費用を細かく分解してみましょう。**費用は「売上原価」「販売管理費」「営業外損益」「特別損益」というように、大きく４つに切り分けられます。**

　それぞれの費用について簡単に説明しておきます。

・**売上原価**　：販売した商品の仕入れや、製品の製造に直接かかった
　　　　　　　　費用
・**販売管理費**：広告宣伝費や商品を販売するスタッフの給料、交通費
　　　　　　　　の他、総務や経理など間接部門の人件費など

■ 費用を分解すると複数の利益が見える

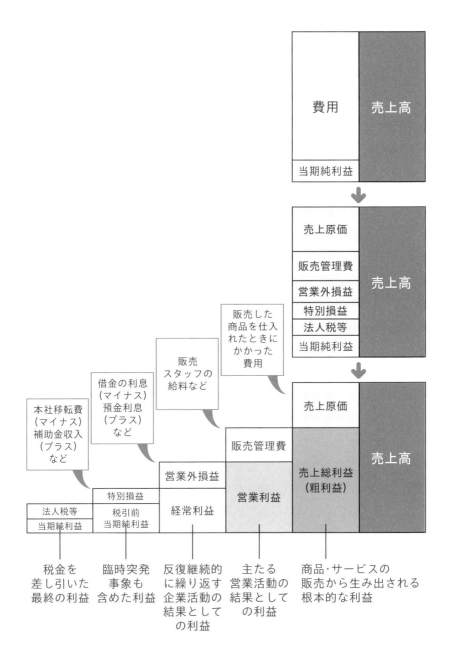

・**営業外損益**：会社の本業以外のところで発生する損益。たとえば預
　　　　　　　　金から得られる利息は営業外収益、金融機関からの借
　　　　　　　　入金に対する支払い利息は営業外費用になる
・**特別損益**　：会社の業務内容とは関係なく、その期だけ例外的に発
　　　　　　　　生した損益のこと。たとえば本社を移転するのにか
　　　　　　　　かった経費は特別損失、補助金などによる収入は特別
　　　　　　　　利益になる

　このように、費用の中身を細かく見ていくと、そのなかから5つの
利益が出てきます。それは「売上総利益」「営業利益」「経常利益」「税
引前当期純利益」です。そして、税引前当期純利益から法人税等の租
税を差し引いた残りが、「当期純利益」になります。
　この5つの利益が、それぞれ売上高に対してどのくらいの比率を占め
るのかによって、「売上総利益率（粗利率）」「営業利益率」「経常利益率」
「税引前当期純利益率」「当期純利益率」というように、各費用を差し引
いて残った利益をベースにした利益率が算出できるのです。

　さて、次ページの図のようにこの5つの利益を棒グラフにして、横
一線に並べてみてください。いちばん右が「売上高」です。そして、
そこからひとつずつ左に行くにしたがって、「売上総利益」「営業利益」
「経常利益」「税引前当期純利益」「当期純利益」となります。
　横一線に並べたら、それぞれの棒グラフの頂点を結んで、線を引い
てみてください。そして、複数の会社について、その棒グラフの頂点
に描いた線の傾斜を見比べてみましょう。
　**基本的に、この傾斜が緩い会社は収益力が高く、傾斜が急な会社は
収益力が低いと判断されます。**
　理由は簡単です。**傾斜が急ということは、各段階における費用が大
きいことを意味するからです。**逆に、傾斜が緩い会社は、各費用が上
手に抑え込まれているため、当期利益がしっかり残るのです。

■ 5つの利益で収益力の有無を見抜く

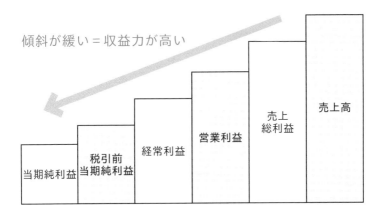

傾斜が緩い＝収益力が高い

当期純利益 / 税引前当期純利益 / 経常利益 / 営業利益 / 売上総利益 / 売上高

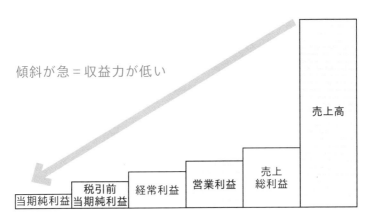

傾斜が急＝収益力が低い

当期純利益 / 税引前当期純利益 / 経常利益 / 営業利益 / 売上総利益 / 売上高

　また、この階段の傾斜は、直線的に下がっていくのではなく、ある階段のところで急に低くなったりするなど、会社のビジネスモデル、収益構造によって形が異なってきます。

　たとえば、経常利益に対して税引前当期純利益が急に低くなっている場合、何かの事情で大きな特別損失が生じたと考えられます。特別損失は、その期だけ例外的に発生した損失ですから、翌期には回復することがほとんどです。

　あるいは売上高に対して売上総利益が急に低くなっている会社の場合は、本業であまり稼げていない薄利の会社であると考えられます。

　また、売上高と売上総利益は高い位置にあるのに、営業利益から先が大きく下がっている場合は、売上原価が少ないけれども、販売管理費が多額に発生していることを意味します。

　このように、5つの利益による階段を描くことによって、その会社の収益力やコスト構造が見えてくるのです。

ポイント❸ 収益力比較は同業種で

　株式投資をする場合、あるいはその業界への就職を目指している場合など、会社間の比較が必要になることがあるかと思います。その際に注意しなければならないのは、**同一業界でも業種によって収益構造が大きく異なることです。**

　たとえば同じ医薬品業界でも、医薬品卸と医薬品メーカーとでは、収益構造がまったく異なります。結果、収益力にも違いが生じてくるのです。

　実例を挙げて比較してみましょう。医薬品業界のなかで、医薬品メーカーの大塚ホールディングスと、医薬品卸の東邦ホールディングスの比較です。次ページのグラフをご覧ください。

　売上高で見ると、大塚ホールディングスが1兆7379億9800万円（2022年12月決算時点）。東邦ホールディングスが1兆3885億6500万円（2023年3月決算時点）です。両社とも売上高が1兆円を超えている大企業ですが、大塚ホールディングスの場合、売上高と売上総利益は高い位置にあるものの、営業利益からガクンと大きく下がる階段になっています。

　これに対して東邦ホールディングスは、売上高は高い位置にあるも

■ 大塚HDと東邦HDの収益構造を比較する

大塚HD（医薬品メーカー）

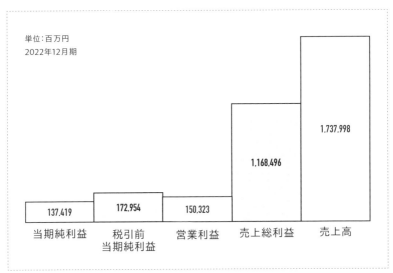

単位：百万円
2022年12月期

当期純利益	税引前当期純利益	営業利益	売上総利益	売上高
137,419	172,954	150,323	1,168,496	1,737,998

※大塚HDは国際財務報告基準による損益計算書のため、経常利益がありません。

東邦HD（医薬品卸）

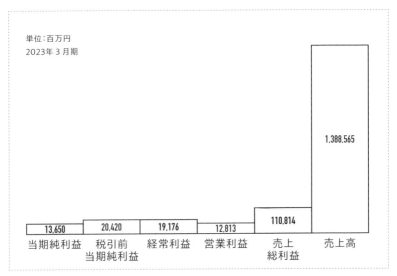

単位：百万円
2023年3月期

当期純利益	税引前当期純利益	経常利益	営業利益	売上総利益	売上高
13,650	20,420	19,176	12,813	110,814	1,388,565

のの、売上総利益から大きく下がっていることがわかります。

　同じ医薬品業界なのに、どうしてこれだけの違いが生じてくるのでしょうか。**それは、ひとえに両社のビジネスモデルが異なるからです。**
　大塚ホールディングスは製薬会社です。製薬会社は一般的に、薬を製造するのにかかったコスト、つまり売上原価よりもはるかに高い販売価格で売ることができます。その代わり、新薬を開発するのに多額の研究開発コストが発生します。
　したがって、売上高に対して売上総利益も高めになるのですが、大塚ホールディングスの場合、「ポカリスエット」のような一般消費者向けの商品も製造・販売しており、より幅広く商品を訴求するために、多額の広告費用をかけていると考えられます。広告費用は販売管理費に含まれるため、売上総利益に対して営業利益が大きく落ち込む傾向が見られます。

　次に東邦ホールディングスですが、前述の通り、この会社は医薬品卸の会社です。卸売業なので自分のところで医薬品はいっさい製造していません。製薬会社がつくった医薬品を仕入れ、全国の医療機関に届けるのがメイン事業で、一般的に卸売業は商品を右から左に流すビジネスです。
　そのため他社との差別化が難しく、価格競争に巻き込まれやすいとも言えます。結果、製薬会社から医薬品を仕入れる際の価格（売上原価）に対して、自分たちの利益を少ししか乗せることができません。売上高から売上原価を差し引いた売上総利益がわずか８％程度しかないのは、そういうビジネスモデルだからです。
　その代わり、研究開発費も広告宣伝費も必要ないため、販売管理費はわずかですみます。

　この２社の比較は、同じ医薬品業界といえども、ビジネスモデルの

違いによってコスト構造が大きく異なることの典型例と言ってもいいでしょう。

　したがって、**収益力の高低を比較するに際しては、卸売業なら卸売業同士で比較しなければ意味がないのです。**

　また小売業の場合、直営店主体の会社とフランチャイズ主体の会社とでは、これまた収益構造が大きく異なります。

　たとえば直営店を主体にしている会社の場合、商品の仕入れが売上原価になり、顧客に販売する際の売値が売上高になります。

　卸売業もそうですが、**商品を仕入れて販売する、商品を右から左に流して利ざやを抜くようなビジネスは、自分たちの利益を少ししか売上原価に乗せることができないため、売上高に対して売上総利益は小さくならざるを得ません。**

　しかし、フランチャイズ主体の小売業には、加盟店の売上総利益に対して一定率のフランチャイズ収入がダイレクトに入ってきます。しかも、**フランチャイズ収入に売上原価はいっさいないので、売上総利益が非常に高くなります。**

　これは実際に損益計算書を見比べてみるとわかりますが、ローソンやワークマンはフランチャイズが中心で、100円ショップのセリアやしまむらは直営店が中心です。

　次ページのグラフは、ワークマンとしまむらの比較です。こうやってグラフにしてみると、特徴がよくわかりますね。

　以上、損益計算書を速読するためのポイントを3つ紹介いたしました。繰り返しになりますが、**損益計算書は企業の収益力を測るものという前提で分析するとポイントをとらえやすくなるでしょう。**

■ ワークマンとしまむらを比較する

ワークマン（フランチャイズ主体）

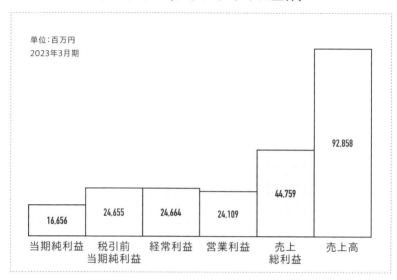

単位：百万円
2023年3月期

当期純利益	税引前当期純利益	経常利益	営業利益	売上総利益	売上高
16,656	24,655	24,664	24,109	44,759	92,858

しまむら（直営店主体）

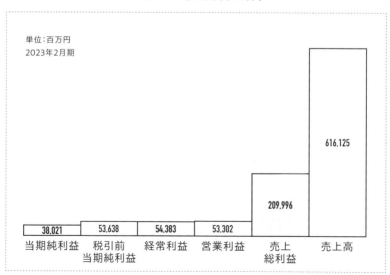

単位：百万円
2023年2月期

当期純利益	税引前当期純利益	経常利益	営業利益	売上総利益	売上高
38,021	53,638	54,383	53,302	209,996	616,125

キャッシュ・フロー計算書 速読のポイント
── 会社のタイプと投資の健全性を見極める

　財務三表速読のポイント、最後はキャッシュ・フロー計算書です。前述の通り、企業の資金の流れが記載されたものです。**これを分析することで、会社のタイプ（その企業がどういう性質を持っているか）と、投資の健全性を知ることができます。**

ポイント❶ ３つのキャッシュ・フローで 会社のタイプを分析する

　キャッシュ・フロー（C／F）には、「営業キャッシュ・フロー」「投資キャッシュ・フロー」「財務キャッシュ・フロー」の３つがあり、それぞれについてプラスとマイナスがあります。

　その意味するところは、

・営業C／Fがプラス＝本業が順調
・営業C／Fがマイナス＝本業が苦戦
・投資C／Fがプラス＝守りの経営
・投資C／Fがマイナス＝攻めの経営
・財務C／Fがプラス＝導入・成長
・財務C／Fがマイナス＝成熟・衰退

となります。そして、理論上は $2 \times 2 \times 2 = 8$ パターンの組み合わせが考えられ、この組み合わせによって、その会社がどういう性質を持っているのかが、おおまかにわかります。

　その代表的なパターンを、ここで５つ紹介しておきましょう。

● ①優良タイプ（営業C/F：＋　投資C/F：－　財務C/F：－）

　本業でガンガン稼ぎ、そのお金を将来の成長のために積極的に投資し、それでも余るお金を借入の返済や株主配当に回すパターンです。多くの優良企業がこのパターンであり、最も望ましいキャッシュ・フローの組み合わせであると言えます。

● ②積極投資タイプ（営業C/F：＋　投資C/F：－　財務C/F：＋）

　本業によって稼いだお金と、外部から調達したお金を、将来のための投資に積極的につぎ込んでいるパターンです。強気の勝負に出ている会社はこのパターンが見られます。

● ③ジリ貧タイプ（営業C/F：－　投資C/F：＋　財務C/F：＋）

　本業で失ったお金を、事業売却や外部からの資金調達によって補填しているパターンです。この場合、早い段階で止血をしないと倒産に追い込まれてしまいます。苦境に立たされている会社は、大半がこのパターンです。

　ひとつ実例を挙げましょう。エンターテインメントのエイベックスです。新型コロナウイルスの影響を強く受けた同社の経営は苦境に立たされ、2020年3月期の営業キャッシュ・フローは40億3200万円のマイナス、2021年3月期は64億8000万円のマイナスになりました。

　こうしたなか、同社は2017年12月に開業した、東京・南青山にある本社ビルを売却しました。これによって2021年3月期の投資キャッシュ・フローは700億4100万円のプラスになりました。

　コロナ明けは徐々に業績が回復し、2023年の営業キャッシュ・フローは91億9200万円のプラスになっていますから、ようやくひと息つけたところです。この事例は、苦境に立たされた会社が、持っている資産を売却してお金をつくり、厳しい局面を乗り切ろうとしている典型例と言えるでしょう。

● ④ベンチャータイプ（営業C/F：−　投資C/F：−　財務C/F：＋）

　本業はまだまだ未熟ですが、将来を見越して外部から調達したお金を使い、積極的に投資しているパターンです。創業間もないベンチャー企業に多く見られます。

● ⑤忍耐タイプ（営業C/F：−　投資C/F：−　財務C/F：−）

　ちょっと変則的ですが、全部のキャッシュ・フローがマイナスというパターンです。これは手元のお金を食いつぶしながら、事業が好転するのを耐えながら待っている状態にあると考えられます。

　もちろん、必ずしも「このパターンならこんな状況にある」とは言い切れませんが、その企業の現在地をおおまかに把握することができますので覚えておいて損はありません。

┃ ［ポイント❷］ フリー・キャッシュ・フローで会社の健全性を測る

「フリー・キャッシュ・フロー」という言葉を聞いたことがあるのではないでしょうか。

　これは、営業キャッシュ・フローで稼いだお金を、投資キャッシュ・フローに振り向けてもなお余っているお金のことです。このプラス、マイナスを見ることによって、会社の投資が健全な額かどうかがわかります。

　フリー・キャッシュ・フローは、営業キャッシュ・フローがプラスで、投資キャッシュ・フローがマイナスになっていることが前提の指標です。

　会社が継続的に成長していくためには、製造機械やシステムなどの設備投資、新店舗建設などの投資にお金を使っていくのが通常です。

　しかし、やみくもに投資をすると、今度は会社のお金が底をついて

しまう恐れがあります。したがって、バランスを考えながら適切な投資金額を設定する必要があります。その指標となるのがフリー・キャッシュ・フローなのです。

　基本的に、フリー・キャッシュ・フローがプラスであれば、借入金の返済や株主への配当にお金を回すことができるため、投資の金額としては健全であると考えられます。

　それとは逆に、フリー・キャッシュ・フローがマイナスになると、借入金の返済や株主への配当にお金を回せなくなるだけでなく、新たに外部から資金を調達してまで投資にお金を費やしていることになるため、リスクの高い投資を行っていると判断できます。

　以上が、財務三表を速読する際のポイントです。このような視点で決算書を眺めると、たんなる数字の羅列から、徐々に会社の輪郭が浮かび上がってきます。

　ぜひ、実際の決算書をお手元に用意して何度か試してみてください。次章ではいよいよ、有価証券報告書を使った速読の方法について解説していきます。

PART 4

決算書の「超」速読術 2

有価証券報告書を使った速読術

有価証券報告書の
概要を見てみよう

　ここまで、「貸借対照表」「損益計算書」「キャッシュ・フロー計算書」、いわゆる財務三表の速読についてお伝えしてきました。

　ここからは、有価証券報告書や決算短信などを用いて、時間をかけずにより詳しい企業の状態を把握するために、これまで私が行ってきた「決算書の速読術」をお伝えしていきます。

有価証券報告書の構成

　その前に、これから読み解いていく「有価証券報告書」がどのような構成になっているのかを、本の目次のような形で簡単に紹介しておきましょう。

　なお、各項目についている注釈は、この後紹介する速読術の各ステップや手順、そして章末に解説する「企業の中身をより詳しく把握するための6つのポイント」の各ポイントに対応しています。

　また、ご自身で有価証券報告書を読み解く際に役立つポイントもいくつか記載しましたので、チェックしてみてください。

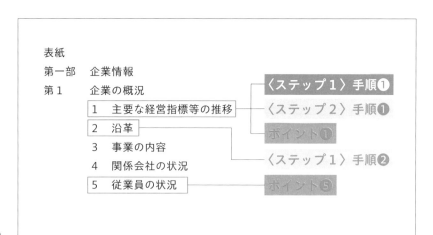

第2　事業の状況

　　　1　経営方針、経営環境及び対処すべき課題等

　　　人的資本に関する情報はココを確認

　　　2　サステナビリティに関する考え方及び取組

　　　3　事業等のリスク

　　　4　経営者による財政状態、経営成績及びキャッシュ・フローの状況の分析

　　　5　経営上の重要な契約等

　　　6　研究開発活動

固定資産が多額な会社はココを確認

第3　設備の状況

　　　1　設備投資等の概要

　　　2　主要な設備の状況

　　　3　設備の新設、除却等の計画

第4　提出会社の状況

　　　1　株式等の状況

　　　2　自己株式の取得等の状況

　　　3　配当政策

　　　4　コーポレートガバナンスの状況等

第5　経理の状況

　　　1　連結財務諸表等　　　　　　　　〈ステップ2〉手順❷❸

　　　（1）連結財務諸表　　　　　　　　　　　〈ステップ1〉手順❸

　　　　　①連結貸借対照表

　　　　　②連結損益計算書及び連結包括利益計算書

　　　　　③連結株主資本等変動計算書

　　　　　④連結キャッシュ・フロー計算書　　〈ステップ2〉手順❹

　　　　　　注記事項　　　　　　ポイント❷

　　　　　　セグメント情報

　　　　　　……　　　　　　〈ステップ1〉手順❹

　　　　　⑤連結附属明細表

　　　（2）その他

以上が、有価証券報告書の構成です。

現時点では、「なんのことだかわからない」という人も多いと思いますが、ここから先を読んでいただければ、ご理解いただけるはずです。

では、速読術を解説していきましょう。

会社の稼ぐ力を見抜く

　ここで紹介する速読術は、大きく2つのステップに分かれています。〈ステップ1〉では、その会社の「収益力」を判断します。そして、〈ステップ2〉では「安全性・健全性」を分析します。

　要するに、その会社の「攻め」と「守り」を把握することで、短時間で会社の全体像をあぶり出すのです。

　まずは、〈ステップ1〉から解説していきましょう。

　会社が成長していくためには、とりもなおさず稼ぐ力を徐々に高めていく必要があります。

　読者のなかには、「就職先を選ぶ」「投資先を選ぶ」ために、決算書を速読したいと考えている人も大勢いると思いますが、就職するにしても投資するにしても、会社が成長しなければ、少なくとも経済的なメリットを享受することはできません。

　会社が成長しなければ給料は増えませんし、株価も上がらないからです。

　したがって、就職先や投資先として会社を選別するにあたっては、今後、その会社に成長する余地があるのかどうかを見極める必要があります。**つまり会社の「稼ぐ力」を見るのです。**

　そのためには、有価証券報告書などに掲載されている「損益計算書」に付属する事項をチェックしていく必要があります。

　ここからは、その際に必要な4つの手順を、順を追って説明していきましょう。

　まずは、分析する企業の有価証券報告書を手に取ってみてください。一見、難解に思える有価証券報告書ですが、これから説明する順序で見ていくと、誰でも会社の中身を簡単に理解できるようになります。

　ちなみに有価証券報告書の表紙には、同報告書の提出先、提出日、事業年度、会社名、代表者の役職や氏名などが記載されているだけですので、ここはそれほど真剣に読まなくてもいいでしょう。

　大事なのは２ページ目からです。

　２ページには、「主要な経営指標等の推移（ハイライト情報）」とあり、ここには過去５期分の経営指標が記載されています。

　ここで事例として取り上げるのは「SUMCO」という、半導体の原材料となるシリコンウエハーを製造している会社の有価証券報告書（2022年12月期）です。

　同社は12月決算の企業なので、本書執筆時点で開示されている直近の決算は2022年12月期になります。これが第24期です。そして、そこから過去５期分の経営指標ですから、第20期に該当する2018年12月期決算分からの数字を一覧することができます。

　業績に関して言えば、大体５期分の推移を見ると、傾向がわかります。売上高と経常利益が徐々に減少していくのは論外で、これはほとんど衰退傾向にあると考えられますが、時には一時的なショックで大きく数字を減らすこともあります。

　事例に挙げたSUMCOの場合、2019年12月期、2020年12月期は売上、経常利益とも大きく落ち込んでいますが、これは世界経済の停滞ならびに新型コロナウイルスによる世界的な経済活動の混乱によるものと考えられます。

■ SUMCOの有価証券報告書「ハイライト情報」

1 【主要な経営指標等の推移】
  (1) 連結経営指標等

回次		第20期	第21期	第22期	第23期	第24期
決算年月		2018年12月	2019年12月	2020年12月	2021年12月	2022年12月
売上高	(百万円)	325,059	299,460	291,333	335,674	441,083
経常利益	(百万円)	83,068	48,310	35,650	51,107	111,339
親会社株主に帰属する当期純利益	(百万円)	58,580	33,112	25,505	41,120	70,205
包括利益	(百万円)	63,976	38,701	27,965	59,105	91,680
純資産額	(百万円)	325,545	341,149	355,003	522,842	591,484
総資産額	(百万円)	588,250	578,511	593,443	764,821	892,555
1株当たり純資産額	(円)	971.76	1,030.39	1,082.22	1,359.77	1,523.71
1株当たり当期純利益金額	(円)	199.74	112.90	87.48	135.86	200.49
潜在株式調整後1株当たり当期純利益金額	(円)	—	—	—	—	—
自己資本比率	(%)	48.4	52.2	53.1	62.3	59.8
自己資本利益率	(%)	22.3	11.3	8.3	10.4	13.9
株価収益率	(倍)	6.14	16.17	25.87	17.29	8.76
営業活動によるキャッシュ・フロー	(百万円)	93,602	77,664	84,188	104,708	179,462
投資活動によるキャッシュ・フロー	(百万円)	△52,244	△61,184	△55,193	△67,337	△126,351
財務活動によるキャッシュ・フロー	(百万円)	△35,424	△24,825	△16,236	99,099	△23,153
現金及び現金同等物の期末残高	(百万円)	78,900	70,020	81,864	224,673	259,305
従業員数(外、平均臨時雇用者数)	(人)	8,017 (892)	8,142 (824)	8,199 (767)	8,469 (1,011)	9,189 (1,182)

(注) 潜在株式調整後1株当たり当期純利益金額については、潜在株式が存在しないため記載しておりません。

これらが一時的な要因であることは、その後の数字を見ればわかります。

2021年12月期は売上高が2018年12月期を上回り、2022年12月期は売上、経常利益がともに前年比大幅増となりました。

ちなみに、ここに記載されている主な経営指標等の推移は、いちばん上から「売上高」「経常利益」「親会社株主に帰属する当期純利益」という、損益計算書に記載されている数字の一部、「純資産額」「総資産額」「自己資本比率」といった貸借対照表に記載されている（貸借対照表をもとに計算される）数字の一部、そして、「営業活動によるキャッシュ・フロー」「投資活動によるキャッシュ・フロー」「財務活動によるキャッシュ・フロー」というキャッシュ・フロー計算書の数字も記載されています。

要は、財務三表の主な数字を、時系列で一覧できるので、まずはここで過去の経営指標の傾向を把握しておきましょう。

なお、これは余談ですが、株式投資をする人は、「株価収益率」の推移が注目ポイントになるでしょう。いわゆる「PER」と呼ばれている株価指標で、この数字が高くなるほど、株価は利益に対して割高であり、低くなるほど、株価は利益に対して割安と判断されます。PERを見るときには、時系列の推移に加えて、同業他社の数字とも比較することをおすすめします。

手順❷ 沿革で会社の歴史を知る

直近の経営指標のトレンドを把握したら、次は会社の歴史に触れておきたいと思います。

といっても、創業者の人物伝などを読んでも仕方がありません。まったく無意味とは言いませんが、本書の目的はあくまでも決算書の速読ですので、そこまでの周辺情報は必要ありません。**有価証券報告**

書の冒頭に記載されている「沿革」をざっと見るだけで十分です。

　次ページに示した SUMCO の有価証券報告書の「沿革」のページを見るとわかりますが、沿革には、いつ会社が設立されたのか、いつ株式が上場されたのか、海外展開、新規事業、工場の閉鎖や関連会社の清算、M&A など会社にとって重要なイベントがいつ行われたのか、といったことが年表になっています。

　私が特に注視しているのが、「設立時期」と「新規事業の開始時期」、そして「M&A」の3点です。もちろん、他にも見るべき点はありますが、まずはこの3点を押さえておいてください。

● 設立時期

　なぜ設立時期を見るのかというと、その会社が今、どのステージにあるのかを把握するためです。

　これは一般的によく言われていることですが、事業には4つのサイクルがあります。言い方はいろいろありますが、たとえば「導入期」「成長期」「成熟期」「衰退期」がそれです。

　「導入期」は、会社が創業され、事業が立ち上がったばかりの局面です。世の中では、この局面にある会社のことを「ベンチャー企業」、あるいは「スタートアップ企業」と呼びます。

　会社や事業が立ち上がったばかりなので、まだ海の物とも山の物とも言えず、倒産するリスクも高いのが普通です。この時期の資金面については銀行もなかなか融資してくれないため、投資家やベンチャーキャピタルから資本を入れてもらうのが普通です。

　導入期の不安定で厳しい時期をなんとか乗り切ると、次は「成長期」に入っていきます。顧客がどんどん増えていき、そのなかで一緒に頑張っていくための人材をどんどん入れていきます。利益を蓄積するよりも先に積極的な投資を行って、成長を加速させていくのが、この局

■ SUMCOの有価証券報告書「沿革」

2 【沿革】

当社は、1999年7月に住友金属工業株式会社＜現 日本製鉄株式会社＞、三菱マテリアル株式会社及びその子会社である三菱マテリアルシリコン株式会社の共同出資(住友金属工業株式会社及び三菱マテリアルグループがそれぞれ50％出資)により、300mm口径のシリコンウェーハ(以下、「300mmウェーハ」という。)の開発及び製造を目的に設立されました。

2002年2月には、住友金属工業株式会社よりシリコン事業(シチックス事業本部)の営業を譲り受けるとともに、シリコン事業を営んでいた三菱マテリアルシリコン株式会社と合併することにより、両社のシリコンウェーハ事業を完全統合し各種シリコンウェーハを製造及び販売する専業メーカーとなりました。

年月	事項
1999年7月	住友金属工業株式会社＜現 日本製鉄株式会社＞、三菱マテリアル株式会社及び三菱マテリアルシリコン株式会社の共同出資により、株式会社シリコン ユナイテッド マニュファクチュアリングとして設立。
2001年10月	300mmウェーハの生産開始。
2002年1月	米国における持株会社としてSUMCO USA Corporationを設立。
2002年2月	住友金属工業株式会社＜現 日本製鉄株式会社＞よりシリコン事業(シチックス事業本部)の営業を譲り受けるとともに、三菱マテリアルシリコン株式会社と合併、同時に商号を三菱住友シリコン株式会社に変更。
2005年8月	商号を株式会社ＳＵＭＣＯに変更。
2005年11月	株式会社東京証券取引所市場第一部上場。
2006年10月	コマツ電子金属株式会社＜現 SUMCO TECHXIV株式会社＞株式の公開買付けにより同社を子会社化。
2006年10月	SUMCO Oregon Corporationを清算。
2007年1月	SUMCO USA Corporationを清算。
2007年12月	FORMOSA SUMCO TECHNOLOGY CORPORATIONが台湾証券交易所(証券取引所)に正式上場。
2008年5月	株式交換の方法により、SUMCO TECHXIV株式会社を完全子会社化。
2008年8月	会社分割の方法により、SUMCO TECHXIV株式会社の営業部門及び技術部門を承継。
2011年2月	当社尼崎工場閉鎖。
2012年11月	ジャパンスーパークォーツ株式会社＜現 当社ＪＳＱ事業部＞を吸収合併。
2013年3月	SUMCOソーラー株式会社を清算。
2013年7月	当社生野工場閉鎖。
2016年3月	監査等委員会設置会社に移行。
2022年4月	東京証券取引所の市場区分の見直しにより市場第一部からプライム市場へ移行。

(注) 1. 2012年10月、住友金属工業株式会社が新日本製鐵株式会社と合併し新日鐵住金株式会社となりました。
2. 2019年4月、新日鐵住金株式会社が日本製鉄株式会社に商号を変更しました。

面にある会社です。

　利益が出ても投資に回していくため、投資家に対して配当金の支払いも行われません。利益はまだまだ赤字ですが、とにかく売上をどんどん伸ばしていく、そんな状況です。この局面になると、多くの企業は株式の新規上場を目指すようになります。

　成長期にどんどん投資を行い、顧客を増やし、売上や利益につなげ、さらにその利益を投資に回し、といったことを繰り返していくなかで、会社は大勢の人材を確保し、新規事業展開や既存事業の事業規模拡大を進めていきます。**そして、多くの会社は売上が大きく伸び、かつ業績が黒字転換して、利益がどんどん増えていきます。**
　こうして会社組織が大きくなり、徐々に会社は「成熟期」へと移行していきます。この段階にある会社は、収益性も比較的高い状態が維持されていますが、M&Aによってこれまでとはまったく違うマーケットを取りにいったり、あるいは他社が持っている技術を自社に取り込んだりする動きも見られるようになります。

　ただ、いつまでも高収益が期待できる事業は少なく、多くの会社において、事業の収益性は徐々に低下していきます。その結果、成長期から成熟期には売上や利益が伸びていたのに、それが徐々に減少していきます。これが「衰退期」です。
　この時期は、会社も成長の期待できなくなった事業から撤退するかどうかなどを真剣に考える必要に迫られます。もし成長しないとなったら、たとえ祖業であったとしても他社に売却して、事業効率を引き上げるのと同時に、より高い収益性が期待できる新しいビジネスを立ち上げるなど、さまざまな形で会社を改革していかなければ、会社が存続の危機にさらされてしまいます。
　そして、こうした改革が成功すれば、会社は再び導入期に戻り、市

場でより大きなシェアを確保するとともに、安定した経営の継続が期待できるようになります。

　このように、沿革を見て、その会社が今、どのステージにあるのかを把握しておけば、仮に赤字がどんどん累積していたとしても、「この会社はまだ成長期にあるから、利益度外視で売上を伸ばしているのだな」とか、設立から何十年も経過しているような会社であれば、「ある程度、事業が成熟化しているはずなので、しっかり利益を出しているだろう」というように、**各ステージにおける会社の財務や収益の傾向を念頭に置いて、各社の決算書と照らし合わせることにより、ちょっとした気づきを得ることができます。**
　たとえば、「成長期にある会社なのに、どうして収益が上がっていないのだろう」とか、「衰退期に入っているはずの会社が、どうしてこれだけ利益を上げられるのだろう」というように、ちょっと違った角度から決算書を見られるようになるでしょう。

● **新規事業の開始時期・M＆A**
　もうひとつ、沿革を見るうえでは、どのタイミングで新規事業をスタートさせたのか、といった点も要注目です。
　多くの会社は設立当初、単一のビジネスからスタートします。いわゆる祖業というものです。そして、それが軌道に乗ったところで、他に関連した新規事業を立ち上げたり、M＆Aで他社を買収して違うマーケットに進出したりします。
　複数のセグメントを持っている会社は、大体このような流れをたどって現在に至るわけですが、いつどのような新規事業を立ち上げたのかを沿革から把握しておきます。
　有価証券報告書には「セグメント情報」といって、セグメントごとの売上や利益も記載されているので、両者を照らし合わせて見ることにより、その新規事業がいつスタートし、現在どのくらいの規模のビ

ジネスに育っているのかが、おおよそイメージできます。

　たとえばセグメント別の数字を見ていて、まったく利益が出ていない事業があったとしましょう。そうしたら沿革を見て、その新規事業がいつからスタートしたのかをチェックするのです。

　もし、新規事業として立ち上がってから、かなりの時間が経過しているにも関わらず、赤字が続いている事業があったとしたら、どうでしょうか。ここでその会社の経営判断能力が問われます。

　赤字でもその事業を続けるのか。続けるとしたら、毎期発生するその赤字額は会社の許容範囲に収まっているのか。あるいは新しい事業を軌道に乗せるためには、どうしても必要な赤字なのか。もしくは早いタイミングで売却して、これ以上の出血を止めるほうが得策なのか。だとしたら、止めることができるのか。

　このように、その会社の経営者がどういう気持ちでその時々の経営判断を下しているのかを、決算書を通じてイメージできるようになると、ただの無味乾燥な数字と文字の羅列だけに見える決算書も、面白く読めるようになるはずです。

手順❸ 収益構造を把握する

　次は、その会社の収益構造をチェックしていきましょう。

【手順1】でも触れたハイライト情報には、売上高と経常利益の額が5期分掲載されているので、これを使って利益率の推移をチェックします。

　本来であれば、経常利益ではなく営業利益で見たいところですが、このハイライト情報にはなぜか営業利益が掲載されておらず、経常利益のみになっているので簡易的にこれを使います。

　ちなみに、営業利益率で計算したほうがいい理由は、営業利益が「本業の稼ぐ力」を示すものだからです。この点、経常利益は「事業活動全体でどのくらいの利益が出ているのか」を示すものですから、

そこには本業における利益だけでなく、運用利益など営業外損益も含まれています。

　経常利益もたしかに事業活動全体の稼ぐ力を示すものではありますが、会社にとって大事なのは、やはり本業で稼ぐ力です。その意味で、本来であれば営業利益をベースにして利益率の推移を見たほうがいいのです。

　それは大前提として、有価証券報告書のハイライト情報には経常利益しか記載されていないので、ここではまず経常利益をベースにして「経常利益率」を計算します。計算方法は次の通りです。

・経常利益率（％）＝経常利益÷売上高×100

　ちなみにSUMCOの経常利益率を計算すると、2018年12月期は25.56％。それが、売上高と経常利益が大幅に落ち込んだ2020年12月期に12.23％まで減少した後、2022年12月期には25.24％まで回復しています。

　では、この数字をどう考えればいいのか、についてですが、ひとまず経常利益率であれば、その会社のコスト構造がどうなっているのかを、損益計算書の本表を見てチェックします。というのも、経常利益は売上高から売上原価と販売管理費、そして営業外損益を差し引いた残りのことを指しているからです。改めて簡単に触れておきましょう。

・**売上原価**　：販売した商品の仕入れや、製品の製造に直接かかった費用
・**販売管理費**：広告宣伝費や商品を販売するスタッフの給料、交通費の他、総務や経理など間接部門の人件費など
・**営業外損益**：会社の本業以外のところで発生する損益。たとえば預金から得られる利息は営業外収益、金融機関からの借入金に対する支払い利息は営業外費用になる

■ SUMCOの損益計算書

【連結損益計算書】

(単位:百万円)

	前連結会計年度 (自 2021年1月1日 至 2021年12月31日)		当連結会計年度 (自 2022年1月1日 至 2022年12月31日)	
売上高		335,674	※1	441,083
売上原価	※2	255,555	※2	297,728
売上総利益		80,119		143,354
販売費及び一般管理費	※3、※4	28,576	※3、※4	33,671
営業利益		51,543		109,683
営業外収益				
受取利息		116		885
受取配当金		46		57
為替差益		-		3,107
その他		2,669		349
営業外収益合計		2,832		4,400
営業外費用				
支払利息		857		816
固定資産除売却損		915		1,100
支払手数料		8		370
その他		1,487		456
営業外費用合計		3,268		2,743
経常利益		51,107		111,339
税金等調整前当期純利益		51,107		111,339
法人税、住民税及び事業税		7,578		24,098
法人税等調整額		△894		5,421
法人税等合計		6,684		29,519
当期純利益		44,423		81,819
非支配株主に帰属する当期純利益		3,302		11,613
親会社株主に帰属する当期純利益		41,120		70,205

売上原価、販売管理費、営業外損益の3つについては、損益計算書の本表に掲載されています。

　たとえば、前ページのように、

・売上高 …………… 4410億8300万円
・売上原価 …………… 2977億2800万円
・販売管理費 …………… 336億7100万円
・営業外収益 …………… 44億円
・営業外費用 …………… 27億4300万円

となっていたとしたら、明らかに売上原価が重いことがわかります。

● **営業外収益・営業外費用が大きく動いていたら**

　それとともに、営業外収益・営業外費用のところに何か大きな数字が入っていないかどうかもチェックしたほうがいいでしょう。

　日本郵船という会社をご存じでしょうか。日本を代表する海運会社のひとつですが、2022年3月期の決算短信を見ると、経常利益が大幅に増加していることがわかります。

　ちなみに2021年3月期決算の経常利益は2153億3600万円でしたが、2022年3月期決算のそれは1兆31億5400万円でした。たった1年間で、それまで2000億円台だった経常利益が、いきなり1兆円台に乗るのも、いささか唐突感があります。

　では、なぜ2153億円だった経常利益が、2022年3月期に1兆円台まで急増したのでしょうか。損益計算書の利益を上から見ていくと、

・売上総利益 …………… 4534億3300万円
・営業利益 …………… 2689億3900万円
・経常利益 …………… 1兆31億5400万円
・当期純利益 …………… 1兆178億1700万円

■ 日本郵船の損益計算書

（2）連結損益計算書及び連結包括利益計算書
　　（連結損益計算書）

（単位：百万円）

	前連結会計年度 （自　2020年4月1日 至　2021年3月31日）	当連結会計年度 （自　2021年4月1日 至　2022年3月31日）
売上高	1,608,414	2,280,775
売上原価	1,375,232	1,827,342
売上純利益	233,181	453,433
販売費及び一般管理費	161,644	184,493
営業利益	71,537	268,939
営業外収益		
受取利息	2,385	2,127
受取配当金	5,552	6,279
持分法による投資利益	155,928	742,645
為替差益	719	11,384
その他	5,530	4,012
営業外収益合計	170,115	766,449
営業外費用		
支払利息	15,978	12,279
デリバティブ損失	8,363	17,707
その他	1,974	2,247
営業外費用合計	26,316	32,234
経常利益	215,336	1,003,154
特別利益		
固定資産売却益	42,009	19,575
関係会社株式売却益	903	29,265
その他	4,706	2,619
特別利益合計	47,618	51,460
特別損失		
固定資産売却損	671	56
減損損失	24,385	2,810
契約損失引当金繰入額	54,955	－
航空機リース解約損	－	8,048
その他	12,523	6,383
特別損失合計	92,536	17,298
税金等調整前当期純利益	170,418	1,037,315
法人税、住民税及び事業税	15,000	42,459
法人税等調整額	9,102	△22,961
法人税等合計	24,102	19,498
当期純利益	146,315	1,017,817
非支配株主に帰属する当期純利益	7,086	8,711
親会社株主に帰属する当期純利益	139,228	1,009,105

となっています。見ればおわかりいただけるかと思いますが、営業利益と経常利益の間に大きな金額のギャップがあります。**経常利益は、営業利益に営業外収益、営業外損失を加減したうえで算出されるものですから、何か大きな営業外収益があったものと考えられます。**

　そこで損益計算書の詳細をさらに見ていくと、営業外収益のうち「持分法による投資利益」が7426億4500万円もあることがわかります。ちなみに、その前年度である2021年3月期の「持分法による投資利益」は、1559億2800万円ですから、大幅に増えたことになります。

　その理由はなんだったのでしょうか。

　有価証券報告書の「経営成績等の状況の概要」の文章を読むと、下のように書かれています。

当連結会計年度は、新型コロナウイルス感染症による世界経済への影響が継続する中、ライナー＆ロジスティクス事業を中心に輸送スペースの需給が逼迫した状況が続き、運賃水準が上昇しました。これにより、第1四半期から、前連結会計年度における各四半期の業績を上回り、好調に推移しました。
コンテナ船部門では、旺盛な貨物需要が継続する中、新型コロナウイルス感染症拡大を端緒とするサプライチェーン全体の混乱が収束せず、年間を通じて強い市況推移となりました。これによりOCEAN NETWORK EXPRESS PTE. LTD.（"ONE社"）の業績は堅調に推移しました。

「OCEAN NETWORK EXPRESS PTE. LTD.」とは、日本郵船、川崎汽船、商船三井という3つの海運会社が定期コンテナ船事業を統合して設立した会社です。2018年4月から事業を開始していますが、この事業が新型コロナウイルス感染症の影響で、コンテナ船に対する需要が急増した反面、船の供給がほとんど追いつかなかったことから、

コンテナ船でモノを運ぶ際の運賃が急騰しました。

「持分法による投資利益」は、日本郵船、川崎汽船、商船三井という３つの海運会社のうち、日本郵船が出資したぶんに対する投資の利益のことです。

OCEAN NETWORK EXPRESS PTE. LTD.の業績が堅調に推移したことで、営業外収益が大きく膨らみ、その結果として、経常利益も大幅増になったと考えられます。

また、これはあくまでも参考情報として見るだけですが、**売上原価と販売管理費のどちらが大きいのかもチェックします。**有価証券報告書に添付されている損益計算書では、当期と前期の２期分しか見ることができませんが、念のため両方の数字を比較すると同時に、売上総利益率（粗利率）もチェックします。

ちなみに日本郵船の2022年３月期決算で見ると、売上総利益率は19.88％でした。そして、その前期である2021年３月期のそれは、14.49％ですから、一応、大幅増ということではなさそうです。

基本的に、売上総利益率は乱高下するようなものではありません。そういう性質を踏まえると、この数字が大きく動いたときには、何かしらコスト要因に大きな変化が生じたと考えられるので、損益計算書の勘定科目を細かく見ていき、その理由を突き止めるようにします。

ただし、特に大きな数字の変化がない場合は、あまり真剣に見る必要はありません。

● **当期純利益の数字が大きく動いたときは**

これも、何か数字が大きく動いていた場合のみチェックするということで十分だと思います。

当期純利益は、経常利益から特別利益、特別損失を加減して計算されますが、ときどきこの数字が大きく変動することがあります。

たとえば、東芝の2019年3月期決算において、当社株主に帰属する当期純利益が前期（2018年3月期）の8040億1100万円から、1兆132億5600万円に増加しました。

　このように、当期純利益の数字が瞬間風速的に大きく上昇しているときは、その年限りの特別な事情によって大きな利益が得られたと考えられます。

　東芝の場合、経営不振で債務超過に陥るのを回避するため、2018年6月1日に子会社の東芝メモリの全株式を売却したことによって、多額の特別利益が計上されたものと考えられます。ちなみに、東芝メモリは現在のキオクシア・ホールディングスです。

　ただし、多額の特別利益の計上によって一時的にかさ上げされた当期純利益は、あくまでもその年度だけの話です。翌年度はその特殊要因による当期純利益のかさ上げ要因が剥落し、数字が大きく落ち込むのが普通です。

　特に、事業売却によって特別利益を計上した場合など、そのぶんだけ翌年度の売上が大幅に落ち込む恐れがあり、それが減益要因にもなります。

　実際、東芝の場合だと、東芝メモリを売却して特別利益を計上した翌年度、2020年3月期の当社株主に帰属する当期純利益は、1146億3300万円の大幅赤字に転落しました。

　特別損失についても同じことが言えます。たとえば不動産などの固定資産を売却して被った損失、長期間保有している株式を売却して被った損失、あるいは火災や自然災害によって被った損失などが特別損失に含まれるのですが、これらもその年度の損益計算書に反映されるだけで、経常的な損失ではありません。

　したがって、多額の特別損失によって、当期純利益が大幅に落ち込んだとしても、その翌年からは回復する可能性があるので、行方を慎重に見極める必要があります。

　なお、営業外収益、営業外損失と同様、特別利益と特別損失についても、大きな数字の動きがないときには、あまり気にする必要はありませんし、ここを深掘りして見なくても問題ありません。

手順❹　どの事業が稼ぎ頭なのかをチェックする

　ここでは、「セグメント情報」に注目します。損益計算書のうち、いちばんトップに書かれている「売上高」から、売上原価や各種経費を差し引いたうえで残る「営業利益」を計算するまでのところで、会社の強みを見極めるのに必要な「セグメント情報」が介在します。

　たとえば前出のSUMCOのように、「単一セグメント」といって、ひとつの製品、ひとつのサービスしか提供していない会社の場合は関係ないのですが、複数のセグメントにわたって事業を展開している会社の場合、セグメントごとの売上、利益構成が記載されているのです。

　これを見ることによって、どの事業が稼ぎ頭なのか、逆にどの事業が足を引っ張っているのか、といったことがわかります。

　味の素を例に挙げて説明していきましょう。

　味の素の場合、有価証券報告書を通じて報告しているセグメントは、「調味料・食品」「冷凍食品」「ヘルスケア等」の3つです。

　たとえば「調味料・食品」セグメントでは、うま味調味料の「味の素」「ほんだし」「クックドゥ」などがありますし、栄養・加工食品のなかには「クノールカップスープ」、コーヒーの「マキシム」などがあります。

　多岐にわたっているので、詳細は有価証券報告書に記載されている一覧表を検索して、それを参考にしていただければと思いますが、基本的にこの3つが報告セグメントになります。

　そのうえで、各セグメントの売上高、ならびにセグメント利益、または損失の状況をチェックします。味の素であれば、2023年3月期の

■ 味の素の有価証券報告書「セグメント情報」

(2) 報告セグメントごとの情報

　　当社グループは、IFRSの適用に当たり、投資家、取締役会及び経営会議が各事業の恒常的な業績や将来の見通しを把握すること、取締役会及び経営会議が継続的に事業ポートフォリオを評価することを目的として、「事業利益」という段階利益を導入しております。当該「事業利益」は、「売上高」から「売上原価」、「販売費」、「研究開発費」及び「一般管理費」を控除し、「持分法による損益」を加えたものであり、「その他の営業収益」及び「その他の営業費用」を含まない段階利益です。

　　報告されている各事業セグメントの会計処理の方法は、注記「3　重要な会計方針」における記載とおおむね同一です。

　　セグメント間の内部売上高は、主に第三者間取引価格に基づいております。

　① 売上高及びセグメント利益（△損失）

　　報告セグメントごとの純損益に関する情報は以下のとおりです。

　　前連結会計年度（自　2021年4月1日　至　2022年3月31日）

（単位：百万円）

	報告セグメント			その他（注）1	計	調整額（注）2	連結財務諸表計上額
	調味料・食品	冷凍食品	ヘルスケア等				
売上高							
外部顧客に対する売上高	664,237	221,702	251,259	12,171	1,149,370	－	1,149,370
セグメント間の内部売上高	6,040	63	5,195	27,842	39,141	△39,141	－
計	670,277	221,765	256,455	40,013	1,188,511	△39,141	1,149,370
持分法による損益	1,459	－	△48	△425	985		985
セグメント利益又は損失（事業利益又は事業損失）	81,269	△678	43,362	△3,038	120,915		120,915

その他の営業収益	26,788
その他の営業費用	△23,132
営業利益	124,572
金融収益	6,868
金融費用	△8,968
税引前当期利益	122,472

（注）1.　「その他」には、提携事業及びその他サービス事業が含まれております。
（注）2.　各報告セグメントに帰属しない全社共通費は、合理的な基準に基づき各報告セグメントに配分しております。全社共通費は、主に親会社の管理部門にかかる費用です。

　　当連結会計年度（自　2022年4月1日　至　2023年3月31日）

（単位：百万円）

	報告セグメント			その他（注）1	計	調整額（注）2	連結財務諸表計上額
	調味料・食品	冷凍食品	ヘルスケア等				
売上高							
外部顧客に対する売上高	775,021	267,237	299,670	17,185	1,359,115	－	1,359,115
セグメント間の内部売上高	7,590	131	3,703	27,095	38,520	△38,520	－
計	782,612	267,369	303,373	44,280	1,397,635	△38,520	1,359,115
持分法による損益	2,382	－	△76	2,020	4,326		4,326
セグメント利益又は損失（事業利益又は事業損失）	82,999	277	52,504	△440	135,341		135,341

その他の営業収益	40,983
その他の営業費用	△27,396
営業利益	148,928
金融収益	6,099
金融費用	△14,994
税引前当期利益	140,033

（注）1.　「その他」には、提携事業及びその他サービス事業が含まれております。
（注）2.　各報告セグメントに帰属しない全社共通費は、合理的な基準に基づき各報告セグメントに配分しております。全社共通費は、主に親会社の管理部門にかかる費用です。

連結財務諸表上における外部顧客に対する売上高は、合計で1兆3591億1500万円であり、それを構成するセグメント別の売上高は次のようになります。

・調味料・食品 ……………… 7750億2100万円
・冷凍食品 ……………… 2672億3700万円
・ヘルスケア等 ……………… 2996億7000万円

上記に加え、有価証券報告書の報告セグメント売上高には、「その他」の欄に「提携事業及びその他サービス事業」の売上高として171億8500万円が計上されています。

上記の金額を見ればわかるように、味の素のセグメント別売上高で圧倒的に大きな部分を占めるのは「調味料・食品」です。

ところが、セグメント利益率を計算すると「調味料・食品」（11.0%）よりも、「ヘルスケア等」（17.5%）のほうが上回っており、「ヘルスケア等」は収益性の高い事業であることがわかります。

これを比較することによって、味の素に限らず、複数のセグメントを持つ会社であれば、それぞれの事業の立ち位置が見えてきます。

なお、前ページをご覧いただければわかりますが、有価証券報告書のセグメント別の売上高については、当期と前期の数字が出ています。2期分の数字ではありますが、比較することによって、翌年度以降はどうなるのかを、おおまかに推測できます。

さらに言うと、これは会社によってある、なしの違いはあるのですが、決算説明会資料も役に立ちます。「どのセグメントが収益に貢献したのか」などの情報がグラフで表示されていたりするので、有価証券報告書に記載されている数字を見るよりもわかりやすいと思います。

有価証券報告書のセグメント情報だと、会社によっては「この事業

の売上はいくらで、前期比何％増（減）になりました。利益は何％増（減）でした」としか書いていないケースもあります。そのような場合、さらに深く状況を把握したいと思ったら、決算説明会資料など他の情報を駆使して補完することになります。

損益計算書は同業他社間で比較する

　これは、あえて【手順】には含めませんが、その会社の収益性が高いのか、それとも低いのかは、その会社の損益計算書を見るだけでは判断できません。売上の伸び率、利益率などを見るときは、同業他社で比較することをおすすめします。

　特にその会社の主戦場となるマーケットが成熟しているときほど、同業他社比較は必要です。

　今、伸び盛りのマーケットだと、同業他社比較をしても、売上の伸び率や利益率には大差がなく、同じように伸びているはずですが、成熟したマーケットの場合、最終的にはシェアの奪い合いになります。パイが広がらないのですから、これは仕方がありません。

　ですから、同業他社間において売上の伸び率や利益率を比較し、劣後している会社は、ライバル社にシェアを奪われていると考えることができます。

ステップ2

会社の安全性・健全性を見抜く

　売上をたくさん上げて、しっかり黒字を確保しているのに、倒産してしまう会社があります。いわゆる資金繰り難による黒字倒産です。

　逆に、赤字続きなのに存続している会社もあります。たとえ赤字だとしても、資金繰りさえしっかりついていれば、会社は存続できるのです。

　このように、会社は稼ぐだけでは経営を持続できません。稼ぐのが「攻め」ならば、「守り」も固める必要があります。

　そこで、〈ステップ2〉では、「利益に見合わない借金を抱えていないか」とか、「売掛金をきちっと回収しているか」「手元資金はしっかり確保できているか」といった点を、「貸借対照表」と「キャッシュ・フロー計算書」を中心に4つの手順でチェックしていきます。

手順❶ ハイライト情報から「自己資本比率」を把握する

　貸借対照表を速読するためには、まず有価証券報告書のハイライト情報から見ていきます。

　貸借対照表に関連した数字で最初に注目したいのが「自己資本比率」の推移です。

　前述したように、このハイライト情報では5期分の経営指標が掲載されているので、数字の傾向を把握することができます。**自己資本比率の5期分の数字を追うことによって、財務の健全性が高まっているのか、それとも悪化しているのかが読み取れます。**

　ちなみにサイバーエージェントの場合、過去5年間ずっと30％台をキープしています。

　これはあくまでも目安ですが、自己資本比率の水準については、以

■ サイバーエージェントの有価証券報告書「ハイライト情報」

1 【主要な経営指標等の推移】

(1) 連結経営指標等

回次		第22期	第2期	第24期	第25期	第26期
決算年月		2019年9月	2020年9月	2021年9月	2022年9月	2023年9月
売上高	(百万円)	453,611	478,566	666,460	710,575	720,207
経常利益	(百万円)	30,493	33,863	104,694	69,464	24,915
親会社株主に帰属する当期純利益	(百万円)	1,694	6,608	41,553	24,219	5,332
包括利益	(百万円)	5,670	20,166	65,376	35,963	12,687
純資産額	(百万円)	110,352	127,678	194,145	222,915	231,911
総資産額	(百万円)	224,876	260,766	382,578	383,698	477,826
1株当たり純資産額	(円)	157.09	177.45	254.98	285.15	285.31
1株当たり当期純利益	(円)	3.36	13.10	82.30	47.89	10.53
潜在株式調整後1株当たり当期純利益	(円)	3.05	12.28	77.90	45.33	9.60
自己資本比率	(%)	**35.2**	**34.3**	**33.7**	**37.6**	**30.2**
自己資本利益率	(%)	2.1	7.8	38.1	17.7	3.7
株価収益率	(倍)	308.55	123.45	26.32	25.43	76.57
営業活動によるキャッシュ・フロー	(百万円)	14,917	37,028	109,609	17,946	20,822
投資活動によるキャッシュ・フロー	(百万円)	△18,000	△16,621	△28,537	△31,412	△40,290
財務活動によるキャッシュ・フロー	(百万円)	△4,662	△2,590	374	△2,801	53,491
現金及び現金同等物の期末残高	(百万円)	84,563	102,368	184,082	168,035	201,780
従業員数	(名)	5,139	5,344	5,944	6,337	7,251
(ほか、平均臨時雇用人員)		(3,284)	(3,104)	(3,383)	(3,864)	(4,249)

(注) 1 2021年4月1日付で普通株式1株につき4株の割合で株式分割を行っております。このため、第22期の期首に当該株式分割が行われたと仮定して、「1株当たり純資産額」、「1株当たり当期純利益」及び「潜在株式調整後1株当たり当期純利益」を算定しております。

2 「収益認識に関する会計基準」（企業会計基準第29号 2020年3月31日）等を第25期の期首から適用しており、第25期以降に係る主要な経営指標等については、当該会計基準等を適用した後の指標等となっております。

3 従業員数は各期の正社員の合計であります。

下のように考えることができます。

　まず、適正値として20〜49％の範囲内に収まっていれば、一般的な会社の水準と考えていいでしょう。40％以上あれば、資金繰りに窮して倒産するリスクは非常に低いと考えられます。

　50％を超えれば優良企業です。さらに、70％を超えるような会社は、ほぼ無借金経営と考えていいでしょう。

手順❷	貸借対照表の「資産の部」「負債の部」を チェックする

【手順1】で財務基盤の状況をおおまかに把握したら、次は貸借対照表の本表をチェックします。

　会社によっては貸借対照表の勘定科目を細かく出しているところがあります。でも、それをひとつずつ追っていくと、全体のバランスがよくわからない、という状況になってしまう恐れがあるので、PART3でも触れたように、まずはおおまかに貸借対照表の数字を眺めます。

　具体的には、「資産」「負債」「純資産」の構成割合を把握しましょう。

● 「資産の部」を読み解く

　それが終わったら、資産、負債について、それぞれ流動と固定の比率を見ていきます。

　資産の項目であれば流動資産と固定資産の割合、負債の項目であれば流動負債と固定負債の割合を把握しておきます。

　そして、たとえば資産のうち流動資産の割合が大きいのだとしたら、そのなかで何が最も高い比率を持っているのかを見ます。仮に現金・預金の割合が高かったとしたら、「それはなぜなのか」といった気づきにもつながっていきます。逆に固定資産の金額が大きい場合には、「固定資産のうち大きな金額を占めているのは、どの勘定科目なのか」という点を見ていきます。そのうえで、その会社のビジネス内容と照らし合わせて、固定資産の規模が適正かどうかを考えます。

重厚長大な製造業であれば、工場や機械などが非常に大きな金額を占めるので、「有形固定資産」の額が大きくなりがちです。一方、SaaS型ビジネス（事業者のサーバー上で利用できるアプリ等のサービスを提供するビジネスモデル）を展開している会社であれば、有形固定資産の額は極めて小さくなるのが普通です。

　また製造業でも、ファブレス経営（自社で製造工場を持たない経営方式）の会社であれば、有形固定資産の額は小さくなります。

　たとえば、ファブレス経営で有名なキーエンスの2023年3月期決算における資産合計額は2兆6504億2900万円ですが、このうち流動資産は1兆3360億9800万円もあり、固定資産のうち有形固定資産の合計額は673億500万円しかありません。ちなみに「建物及び構造物」の金額は、たったの80億円です。**したがって貸借対照表を見る際には、業種や会社によってパターンがあるので、それをイメージしながら数字を見るといいでしょう。**もし、そのイメージとは違った数字が貸借対照表に記載されていたら、何か理由があるはずです。

　資産の部に関しては、ここまで説明したようにハイライト情報で自己資本比率の推移をチェックした後、流動資産と固定資産の金額を把握しておけば十分でしょう。

●「負債の部」を読み解く

　それが終わったら、次は負債の部をチェックしていきます。

　まず、総資産に占める負債の比率をチェックしましょう。これを「負債総資産比率」といって、以下の計算式で求められます。

・負債総資産比率（％）＝負債総額÷総資産×100

　たとえばサイバーエージェントの負債総額は2459億1500万円で、総資産の額は4778億2600万円です。ですから、負債総資産比率は、

【負債総資産比率】

・2459億1500万円 ÷ 4778億2600万円 × 100 = 51.46%

となります。

　「総資産に対して負債総額の比率が高いかどうか」、これがその会社の財務安全性を推し量る目安になります。50%を下回っているかどうかがひとつの目安になると考えてください。

　上記の計算式で求められた負債総資産比率が高い会社は、総資産に占める負債の額が大きいので、財務安全性は低いと考えられます。逆に、負債総資産比率が低い会社は、総資産に占める負債の額が少なく、財務安全性が高いと考えられます。

　このように、負債総資産比率が低く、財務安全性が高いと判断できれば、特にそれ以上深掘りする必要はありません。

　ただし、この段階ではまだおおまかな数字で割り出した財務安全性なので、本当に財務安全性が高いのかどうかをより詳細に知りたい場合は、別の数字もチェックしましょう。

● **負債総資産比率が高い会社は安全性をさらに分析する**

　上記の通り、負債総資産比率が高い会社の場合、この段階で「財務安全性が低いかもしれない」と判断されるわけですが、本当に財務安全性が低いかどうかは、他の数字もチェックしてみなければわかりません。

　まず、負債は負債でも有利子負債がどの程度あるのかをチェックします。有利子負債とは、銀行からの借入金や、社債を発行して調達した、金利支払いを伴う負債のことです。有利子負債は返済義務を伴うのに加え、金利を上乗せして返済しなければならないため、経営の重石になります。基本的に有利子負債は小さいに越したことはありません。とはいえ、同じ負債でも「**前受金**」や「**預り金**」は、経営面での重石にはなりません。

● 前受金

　前受金とは、具体的な商品やサービスを提供する前に会費などの形で徴収するお金です。商品やサービスを提供する前に顧客から受け取っているお金ですから、たしかに負債ではあります。

　ただ、有利子負債と違うのは、金利負担が発生しないことと、顧客に商品やサービスを提供した段階で、これらの負債が売上に計上されていくことです。

　商品やサービスを提供できない場合、あるいは顧客から契約キャンセルが入ったときには、すでに受け取っている前受金を、顧客に返還しなければならない義務が生じるものの、そうでない限り、有利子負債のように必ず返済しなければならないという義務は生じないので、むしろ前受金は多いほうがいい負債であるとも言えます。

　たとえばサブスクリプションサービスを提供している会社が典型で、特に会社を立ち上げたときなどの資金繰りにおいて、この前受金をどれだけ獲得できるかが重要なポイントになってきます。

● 預り金

　次に預り金ですが、これはメルカリのようなプラットフォームビジネスを行っている会社に大きな金額が計上される傾向があります。

　メルカリのビジネスモデルを事例に、預り金を説明しましょう。

　メルカリのビジネスモデルは「出品したい人」と「買いたい人」をプラットフォーム上でマッチングさせることによって、その取引が成立したときに、決済手数料という名の場代を受け取る商売です。

　この場合、出品者から商品を購入した人は、その購入代金をメルカリに預託します。そして、出品者から購入者に無事、商品が配送されたら、その預託金が出品者に振り込まれる仕組みになっています。これが預り金です。

　メルカリの2023年6月期決算の貸借対照表を見ると、総資産と負債は以下のようになります。

・資産合計額 ‥‥‥‥‥ 4152億9200万円

・負債合計額 ‥‥‥‥‥ 3600億6300万円

　負債総資産比率を計算すると、86.7%にもなります。これは非常に高い数値ですが、流動負債にある「預り金」の額を見ると、1634億200万円あることに気づくでしょう。預り金が負債総額の約45%も占めているのです。

　では、前受金や預り金によって負債が大きく膨らむのは、会社にとってリスクになるのかどうかを考えてみましょう。

　これはリスクではなく、むしろメリットのほうが大きいと考えられます。

　会社にとってキャッシュは事業の活力となります。特にキャッシュ・フローを意識して経営をすると、資金ショートで倒産するリスクを回避できるだけでなく、資金繰りも非常にラクになります。

■ メルカリの貸借対照表

（単位：百万円）

	前連結会計年度 （2022年6月30日）	当連結会計年度 （2023年6月30日）
資産の部		
流動資産		
現金及び預金	211,406	196,271
売掛金	4,454	6,374
有価証券	−	5,775
未収入金	※2 80,287	※2 115,714
前払費用	2,805	2,261
預け金	7,093	2,708
その他	2,156	16,994
貸倒引当金	△4,807	△5,455
流動資産合計	303,396	340,644
固定資産		
有形固定資産	※1 3,462	※1 2,781
無形固定資産	666	584
投資その他の資産		
投資有価証券	117	78
敷金	1,614	1,407
繰延税金資産	3,417	7,802
差入保証金	26,774	61,608
その他	413	385
投資その他の資産合計	32,337	71,282
固定資産合計	36,466	74,648
資産合計	339,862	415,292

	前連結会計年度 （2022年6月30日）	当連結会計年度 （2023年6月30日）
負債の部		
流動負債		
短期借入金	※2 54,254	※2 55,121
1年内返済予定の長期借入金	1,348	16,713
未払金	18,217	19,509
未払費用	1,915	1,485
未払法人税等	1,525	6,627
預り金	139,094	163,402
賞与引当金	1,389	1,914
ポイント引当金	359	1,036
株式報酬引当金	91	209
その他	※3 6,525	※3 7,588
流動負債合計	224,722	273,608
固定負債		
転換社債型新株予約権付社債	50,000	50,000
長期借入金	25,749	※2 35,696
退職給付に係る負債	75	42
資産除去債務	126	126
繰延税金負債	162	138
その他	1,028	451
固定負債合計	77,141	86,454
負債合計	301,864	360,063
純資産の部		
株主資本		
資本金	44,628	46,052
資本剰余金	44,582	46,005
利益剰余金	△53,757	△40,687
自己株式	△0	△0
株主資本合計	35,453	51,370
その他の包括利益累計額		
その他有価証券評価差額金	—	△0
繰延ヘッジ損益	—	159
為替換算調整勘定	1,303	2,051
その他の包括利益累計額合計	1,303	2,211
新株予約権	926	1,092
非支配株主持分	314	554
純資産合計	37,998	55,228
負債純資産合計	339,862	415,292

このようなキャッシュ・フロー経営の観点から考えると、売上が上がる前にお金が入ってくる仕組みを構築できているわけですから、他の会社に比べて格段に資金繰りはラクになるわけです。

しかも、キャッシュインとキャッシュアウトの見合いで歩留まりが高ければ、常に無利子の現金が一定額、会社内に貯まることにもなるので、投資に回すうえでも非常に有利です。

このように、一概に「負債」と言っても大事なのはその中身です。純粋に借入や社債発行で調達した資金なのか、それとも前受金や預り金のように、キャッシュ・フローを有利にしてくれるものなのか。負債の中身の解像度を高めるためには、そこをしっかりチェックするといいでしょう。

> 手順❸ 貸借対照表の「純資産の部」を
> チェックする

貸借対照表の資産の部、負債の部に関するチェックが終わったら、次は純資産の部を見ていきましょう。

純資産の部は次の3つの項目が中心です。「資本金」「資本剰余金」「利益剰余金」がそれです。

それ以外にも、企業によっては「その他有価証券評価差額金」「繰延ヘッジ損益」「土地再評価差額金」など、細かい項目もありますが、「資本金」「資本剰余金」「利益剰余金」以外の項目は大抵が調整項目ですので、大勢に占める割合としては大きくありません。ですから、ここは無視しても構いません。

純資産の部で見るべきポイントは、「資本金」「資本剰余金」「利益剰余金」の3つだけ、と思っていただいていいでしょう。

そして、「資本金」と「資本剰余金」はまったく同じ性質のものなので、科目としては分かれていますが、私は一緒のものとして捉えています。

とはいえ、別の科目として記載されている以上、正確には違いがあ

るのは事実です。あまり本質的な話ではありませんが、簡単に説明しておきましょう。

「資本金と資本剰余金がまったく同じ性質のもの」と書いたのは、両方とも資金の出どころが同じだからです。資本金も資本剰余金も、株主の出資によって集められたお金です。

　では、なぜこれをあえて別の科目で計上しているのかというと、法人税制が絡んでいるからです。仮に投資家から2億円を集めたとき、その全額を資本金にするか、一部を資本金にして、残りを資本剰余金に振り分けるかによって、税率に違いが生じるのです。

　会社にかかる税金は「法人税」「住民税」「事業税」の3つです。このうち法人税は所得に対して課税されるもので、赤字になったときは納税義務がありません。

　また、事業税は法人税と違って地方税ですが、これも会社の所得に対して課せられるもので、法人税と同様、赤字になったときには納税義務がありません。

　対して、法人住民税は、たとえ赤字を計上したとしても納税義務があります。これを「均等割り」と言うのですが、その納税額は資本金の多寡によって変わってきます。具体的には以下のようになります。

・資本金額1000万円以下 …………… 7万円
・同1000万円超1億円以下 …………… 18万円
・同1億円超 …………… 外形標準課税が適用される

　また、資本金1億円以下の企業には次のようなメリットもあります。

・年800万円までの所得については法人税の税率が15％
・繰越欠損金が10年間フルで使える
・年800万円以下の交際費枠

本書は法人税の本ではないので、外形標準課税に関してこれ以上深掘りするつもりはありませんが、要するに資本金の額によって、税負担が大きく変わってくるのです。そのため、税制メリットを受けたい法人は、資本金の額をできるだけ少なくして、資本剰余金に振り分けます。

ただ、逆に資本金の額は表に出る数字なので、たとえば非上場企業などは、営業活動をしやすくするため、自分の会社の経営規模が大きく見えるように全額を資本金に入れるケースもあります。

特に大企業が取引先の場合、「資本金は最低いくらなければだめ」といった暗黙のルールが設けられていることもあり、そのような場合も、経営規模の小さい会社は、出資を受けた資金を全額資本金に組み入れることによって、その条件をクリアしたりします。

要するに、会社側の政策的な理由によって、資本金と資本剰余金の金額を調整できるのです。その意味で、出どころが同じお金なので、私は両者を一緒にして考えるようにしているのです。

● 純資産全体に占める「利益剰余金」の割合をチェックする

純資産の部でもうひとつチェックするのは、「利益剰余金」の数字です。前述した資本剰余金と利益剰余金は、明らかに異なるものです。資本剰余金は株主から出してもらったお金ですが、利益剰余金は会社が自分たちで頑張って積み上げた利益になります。

ちなみに利益剰余金は、過去に出した利益の累積になるので、赤字が続いている会社の場合、利益剰余金がマイナスになることもあります。**基本的に利益剰余金の額が大きい会社は余裕がありますし、逆にその金額が小さいか、マイナスになっている会社は、だいぶ苦戦していると判断できます。**

また、利益剰余金のことを「内部留保」とも言いますが、これについては過去、さまざまな報道で、「日本企業は内部留保をたくさん貯

め込み過ぎる。もっと従業員の給料を上げろ」とか、「配当や自社株買いで株主に還元しろ」といった記事が書かれてきましたし、今もこのような意見をたくさん耳にします。

　恐らくこのように言う人は、利益剰余金が全額、会社の金庫とか、銀行の預金口座に眠っているというイメージで捉えているのではないでしょうか。しかし、それは大いなる誤解です。

　そもそも利益剰余金とは、過去に稼いだ結果の利益の積み上げでしかないので、この額が全額、キャッシュで残っているわけではありません。なぜなら、「利益＝キャッシュではない」からです。

　民間企業は、利潤の追求が最終目的です。最近は SDGs とか ESG などの流行語とともに、会社の社会貢献度の重要性のようなものが喧伝されていますが、民間企業である以上、何をするにしても最終的には会社の業績向上、利潤の最大化が重要です。それを実現して初めて、株主からの負託に応えることができるのです。

　したがって、利益剰余金をゼロにするまで従業員に給料を支払ったり、配当や自社株買いで株主に還元したりするのは本末転倒と言ってもいいでしょう。利益剰余金を増やすことは悪い話ではありませんし、そもそも利益剰余金の額が少ないと、万が一のトラブルに直面したとき、会社の経営体力がなくて、簡単に倒産してしまう恐れがあります。

　実際、2020年からの新型コロナウイルス感染拡大で、多くの会社が活動自粛を強いられ、売上が立たない状態が長く続きましたが、まさにこのような事態に直面したとき、利益剰余金がほとんどないような会社だと、売上が立たない期間中に会社を維持することができず、あっという間に債務超過に陥ってしまうリスクにさらされます。

　ある程度の額の内部留保（利益剰余金）は、安定した会社経営において必要不可欠なのです。

　問題は、この「ある程度の内部留保」をいくらにするのが適正なの

か、ということでしょう。

　これについては会社個別の事情もあるので、一概には言えないのですが、**ひとつの目安になるのは「利益剰余金比率」です。**これは、

・利益剰余金比率（％）＝利益剰余金÷総資本×100

という計算式で求められます。

　また、「利益剰余金＝キャッシュではない」と書いたように、それは他の資産に置き換わっています。何に置き換わっているのかは、資産の部にある勘定科目に反映されています。

　ちなみに、「利益剰余金＝キャッシュではない」というのは、資産の部にある「現金及び預金」の金額と、利益剰余金の金額を比較すれば一目瞭然です。

　たとえば味の素の2023年3月期決算で言うと、利益剰余金の合計額は2993億6600万円ですが、「現金及び預金」の額は69億7900万円です。

　会社は、稼いだ利益でもってさまざまな投資を行います。それは工場の増設かもしれませんし、最新機器の導入かもしれません。DX対応となれば、各種システムやソフトウェアの導入も不可欠です。このように、会社は稼いで得た利益を元手にさまざまな投資を行い、さらなる成長を目指します。

　このように、利益が他の資産に置き換わり、それが会社にとって次の成長を促すうえで必要な投資である以上、「内部留保なんかせず、従業員の給与や株主への配当として払い出せ」などと言うのは、いささか暴論に近いとさえ思うのです。

　貸借対照表については、PART3で簡単に触れたように「流動比率」を計算し、それが極端に低い状態でなければ、本章で説明した資産の部、負債の部、純資産の部の留意点を軽くチェックして終わりです。

もちろん、流動比率が明らかに低い場合や、それ以外の勘定科目に異常な数値があった場合は、その理由がどこにあるのかを深掘りしていきますが、特に異常な数値がない場合、貸借対照表の分析はここまででいいでしょう。

手順❹ キャッシュ・フローをチェックする

貸借対照表のチェックが終わったら、次はキャッシュ・フロー計算書の分析に取りかかります。

キャッシュ・フローも有価証券報告書の冒頭にあるハイライト情報（主要な経営指標等の推移）に5期分の数字が記載されています。なので、まずはここを見て5期分のキャッシュ・フローの傾向を見るようにします。その際は、次の観点で見るといいでしょう。

まず営業キャッシュ・フローから見ていきます。PART1でも触れましたが、営業キャッシュ・フローは本業で稼いだお金の流れを示すものなので、この数字がプラスであること、そして金額が右肩上がりで増えているのが理想です。

次に投資キャッシュ・フローですが、会社が成長し続けるためには常に投資をし続けることが大切ですから、毎期マイナスであるのが理想です。逆に、プラスに転じたときは過去に行った投資から手を引くなど、基本的にはネガティブな話になりますが、プラスになれば現金は会社に戻ってきますので、資金繰りそのものは改善されます。つまり投資キャッシュ・フローは、営業キャッシュ・フローほど、経営の存続に大きな影響を及ぼすものではありません。

財務キャッシュ・フローについては、投資キャッシュ・フローとのバランスを見るようにします。

　たとえば、金額の大きな投資を行う場合には、外部からの借入や、社債を発行して資金調達を行うため、投資キャッシュ・フローのマイナス増加とともに、財務キャッシュ・フローのプラスが増大します。

　とはいえ、ここで借入を大きく増やしてしまうと、今度は貸借対照表の自己資本比率が低下して財務基盤が脆弱化するリスクが生じます。これは、恐らく株価的に嫌気されるでしょう。

　一方、まったく投資をしない会社は今後成長しないと見なされるので、これまた株価的にはネガティブであると考えられます。

　このように、財務キャッシュ・フローについてはケース・バイ・ケースで、プラスがいいのか、マイナスがいいのかは一概に言えません。ですから、両者のバランスを見て判断する必要があるのです。

　これら３つのキャッシュ・フローに関して５期分の推移をチェックし、大きな数字の変化がない場合には基本的にそれ以上深掘りする必要はありません。

● キャッシュ・フロー増減が極端な場合は原因を追究する

　逆に、キャッシュ・フローの数字が極端に増減しているときは、その原因を探る必要があります。もちろん多少の増減はありますが、極端な増減には必ず何か理由があります。

　キャッシュ・フロー計算書に関連して、深掘りする際の見どころを、いくつか取り上げておきましょう。

　いちばんの注目点は、営業利益と営業キャッシュ・フローの関係についてです。両者の間には、特殊要因さえなければ営業利益の増加とともに営業キャッシュ・フローが増える、営業利益が減れば営業キャッシュ・フローが減るという関係が見られます。

　しかし、ときどきその関係が一致しないことがあります。たとえば営業利益は増えているのに、営業キャッシュ・フローは減っていると

いうようなケースです。

　なぜこのような現象が生じるのかというと、大概の場合、在庫と売上債権、仕入債務による影響と考えられます。

　まずは在庫です。在庫が増えると、そのぶんだけキャッシュが在庫品として寝てしまいます。ですから損益計算書上の利益は黒字だったとしても現金が入ってこないので、営業キャッシュ・フローが減ってしまうのです。

　売上債権も同じです。売上債権としては「売掛金」「受取手形」が代表的で、要するに取引先に対して信用を供与し、売上代金を後日決済するというものです。売上は立っているけれども、売上代金の回収が滞れば、営業キャッシュ・フローは減少してしまいます。

　これが行き過ぎると、黒字倒産のリスクが高まります。極端な事例ですが、営業利益は黒字だけれども、営業キャッシュ・フローがマイナスになっているようなケースがそれに該当します。

　たとえば、ある商品を販売した先の売上債権の回収が滞っているとしましょう。商品を販売した時点で売上が立つため、その年度の決算はその売上のぶんだけ利益も増えます。

　ところが、結果的にその売上債権を回収できず、商品を販売した先が倒産してしまったとしましょう。いわゆる貸倒れです。そうなったら、回収できなかった売上債権は特別損失に計上されるため、その年度の決算は利益減、もしくは赤字に転じます。

　このように、営業利益と営業キャッシュ・フローのずれを見ることで、将来起こりうる経営面のリスクを把握できるのです。

　特に成長著しい会社の場合、ともすれば売上急伸、利益増大のなかで、売上の回収がおぼつかずに資金繰りに窮するというケースが少なからず見られます。

　かつてのマンション・デベロッパーが典型例です。自己資金もしく

は外部からの借入でマンションを建て、資金の回収は後からになりますが、せっかく建てたのになかなか売れず、回収がどんどん遅れていくうちに倒産というケースです。リーマンショックのときなど、この手のマンション・デベロッパーの破綻が相次ぎました。

　また、投資キャッシュ・フローのマイナスが極端に大きくなったときは、必ず何か大きな投資が行われているはずです。有価証券報告書に掲載されているキャッシュ・フロー計算書には、「有形固定資産の取得（売却）による支出（収入）」「無形資産の取得（売却）による支出（収入）」「金融資産の取得（売却）による支出（収入）」など内訳も記載されているので、その項目をひとつずつチェックしながら、何に多くのお金を使っているのかを見ていきましょう。

　さらに、有価証券報告書には「設備の状況」とか、貸借対照表の資産の部に記載されている各勘定科目のうち、どの科目が増えているのかといった点を深掘りしていくと、どういう投資を行ったのかが見えてきます。基本的に、有形固定資産は建物や工場であり、無形固定資産ならソフトウェアなどが該当します。最近は、DX化などを中心にしてさまざまなシステムを導入する会社が増えているので、無形資産の取得による支出が大きく増えているところも少なくありません。

　以上が、有価証券報告書を用いた「決算書の速読術」です。
　慣れてくれば、100ページ以上ある有価証券報告書の内容を20分程度で読み解くことができるようになります。
　この後のPART5では、7つの企業の決算書を取り上げて具体的に解説していきます。ぜひ、それらも参考にしながら、ご自身が気になる会社の有価証券報告書を読み解いてみてください。
　本書を読む前よりも、短時間でその会社の全体像がわかるようになるはずです。

企業の中身をより詳しく
把握するための
６つのポイント

　ここまで解説してきた手順に沿って「決算書の速読」をすれば、その会社の成長性や健全性をほぼ把握できますが、実は有価証券報告書には他にもさまざまな情報が掲載されています。恐らく、ここから先、さらに会社を深く読み込みたいという読者もいらっしゃるのではないでしょうか。

　そこで、PART5に移る前に、有価証券報告書の速読ではなく、より細かく会社のことを知るためのポイントを、６つ紹介しておきましょう。

ポイント❶ ROEの水準とトレンドをチェックする

　ROEとは「Return on Equity」の略で、「自己資本利益率」とか「株主資本利益率」などと称されます。つまり、株主が提供している資本を用いて、その会社がどの程度稼いでいるのかを示す数字です。したがって、ROEの数字自体は高いほどいいとされます。

　かつて、日本企業はROEが極めて低いという点が海外の投資家から見て大きな不満のひとつでした。

　では、実際のところROEはどの程度あればいいのか、ということですが、現在は８％がひとつの目安とされています。

　これは2014年８月に、経済産業省が「持続的成長への競争力とインセンティブ〜企業と投資家の望ましい関係構築」というプロジェクトの最終報告書で、企業が海外の投資家から投資対象として適格であると認めてもらえる最低水準として、ROE８％が提唱されたことに端を発しています。

　以来、日本企業の多くがROE８％達成を目指して、経営改革に取

り組んできました。

　ちなみに、前出のSUMCOのROEを見ると、過去5年間で最も高かったのが2018年12月期の22.3％。2020年12月期には新型コロナウイルス感染拡大の影響を受けて8.3％まで低下していますが、そこから回復基調をたどり、2022年12月期には13.9％まで向上しています。

　では、ROEはどうすれば高まるのでしょうか。それを説明する前に、ROEの計算方法を紹介しておきます。

・ROE（％）＝当期純利益÷自己資本×100

　ROEの数字を上げるためにはいくつかの方法があります。

　たとえば自社株買いがそれです。**自社の株式を株式市場で買い付け、それを償却すれば自己資本の金額が減少しますから、当期純利益が変わらなかったとしても、ROEを上げることができます。**あるいは配当金を増やして自己資本を減らすのもひとつの方法です。

　もうひとつの方法は、借入を増やすことです。借入金を増やして事業を拡大させ、利益の増大を目指すのです。利益が増えれば、自己資本が変わらなくてもROEは向上します。

　ただ、いずれの方法も一長一短です。

　自社株買いや増配によって自己資本を減らせば、経営体力が削がれます。借入を増やして事業を拡大させるのも、それが軌道に乗れば売上が増えて利益の増大につながり、ROEを高めることになりますが、投資を増やした途端、景気が低迷して売上が落ち込んだりしたら、借金の返済に窮して、下手をすれば倒産の危機に直面してしまいます。

　ROEを向上させることが目的化してしまうと、こうした小手先の方法を用いて、とりあえず数字だけを引き上げようとする会社も少なからず出てきます。しかし、それではなんの意味もありません。もっと真っ当な方法で、ROEを向上させるべきです。

　そのために注目しておきたいのが、「売上高当期純利益率」と「総

資産回転率」です。売上高に対する当期純利益を増やせば、結果的に
ROEの向上につながります。

　また総資産回転率は、会社が持っている総資産、つまり貸借対照表
の資産合計額が相当するのですが、この総資産を用いてどれだけ売上
高を増やせたかを測るための指標です。計算式は、

・総資産回転率（回）＝売上高÷総資産

になります。この回転数を上げるためには売上高を増やすことが重要
です。**したがって、「売上高当期純利益率」と「総資産回転率」の両
方が上昇した結果としてROEが向上すれば、それが理想と言っても
いいでしょう。**

　ここで、97ページにも掲載した、SUMCOのハイライト情報をもう
一度見てみましょう。ROEが8.3％まで低下した2020年12月期の売上
高は2913億3300万円で、総資産は5934億4300万円ですから、総資産回
転率は、

・2913億3300万円÷5934億4300万円＝0.49回

になります。これに対して、ROEが22.3％と最も高かった2018年12月期
の売上高は3250億5900万円で、総資産は5882億5000万円ですから、総資
産回転率は、

・3250億5900万円÷5882億5000万円＝0.55回

と、2020年12月期を大幅に上回っています。

　次に「売上高当期純利益率」を計算してみましょう。計算式は、

・売上高当期純利益率（％）＝当期純利益÷売上高×100

■ SUMCOの有価証券報告書「ハイライト情報」

1 【主要な経営指標等の推移】

　(1) 連結経営指標等

回次		第20期	第21期	第22期	第23期	第24期
決算年月		2018年12月	2019年12月	2020年12月	2021年12月	2022年12月
売上高	（百万円）	325,059	299,460	291,333	335,674	441,083
経常利益	（百万円）	83,068	48,310	35,650	51,107	111,339
親会社株主に帰属する 当期純利益	（百万円）	58,580	33,112	25,505	41,120	70,205
包括利益	（百万円）	63,976	38,701	27,965	59,105	91,680
純資産額	（百万円）	325,545	341,149	355,003	522,842	591,484
総資産額	（百万円）	588,250	578,511	593,443	764,821	892,555
1株当たり純資産額	（円）	971.76	1,030.39	1,082.22	1,359.77	1,523.71
1株当たり当期純利益 金額	（円）	199.74	112.90	87.48	135.86	200.49
潜在株式調整後 1株当たり当期純利益 金額	（円）	―	―	―	―	―
自己資本比率	（％）	48.4	52.2	53.1	62.3	59.8
自己資本利益率	（％）	22.3	11.3	8.3	10.4	13.9
株価収益率	（倍）	6.14	16.17	25.87	17.29	8.76
営業活動による キャッシュ・フロー	（百万円）	93,602	77,664	84,188	104,708	179,462
投資活動による キャッシュ・フロー	（百万円）	△52,244	△61,184	△55,193	△67,337	△126,351
財務活動による キャッシュ・フロー	（百万円）	△35,424	△24,825	△16,236	99,099	△23,153
現金及び現金同等物の 期末残高	（百万円）	78,900	70,020	81,864	224,673	259,305
従業員数 （外、平均臨時 雇用者数）	（人）	8,017 (892)	8,142 (824)	8,199 (767)	8,469 (1,011)	9,189 (1,182)

　(注) 潜在株式調整後1株当たり当期純利益金額については、潜在株式が存在しないため記載しておりません。

です。2020年12月期は売上高が2913億3300万円で、当期純利益が255億500万円なので、売上高当期純利益率は、

・255億500万円 ÷ 2913億3300万円 × 100 ＝ 8.75%

　一方の2018年12月期は売上高が3250億5900万円で、当期純利益が585億8000万円ですから、売上高当期純利益率は、

・585億8000万円 ÷ 3250億5900万円 × 100 ＝ 18.02%

　このように、総資産回転率、売上高当期純利益率の変動が、ROEの変動に大きな影響を与えているのがわかります。

ポイント❷ 販売管理費の内訳を注記事項で把握する

　損益計算書にある「販売管理費」は、基本的にひとまとめにして総額表示されます。そのため、販売費、一般管理費にいくら使ったのかという明細まではわかりません。

　ただ、有価証券報告書では「注記」の形で、販売管理費の細目が記載されています。

　たとえば、利益が前期は赤字だったけれども、今期は黒字転換したとしましょう。その理由が「販売管理費を圧縮したから」というだけでは、正直なところ何を圧縮して黒字転換できたのかが、よくわかりません。たとえ増益になったとしても、一時しのぎの方法で増益になったとすれば、それは長続きしません。

　また、一時的に広告宣伝費を半減させて、今期黒字化を果たしたとしても、来期の決算に支障を来す恐れがあります。広告宣伝費を大幅に絞り込んだことで、製品やサービスのプロモーションができず、来期以降の売上が大幅に落ち込むかもしれません。

あるいは研究開発費を大幅に絞り込んだとしたらどうでしょうか。研究開発費は会社にとって、将来の収益の柱を生み出す元になるものです。その費用を削減したら、会社の競争力が落ちて、ライバル社に大きく水を空けられることになります。

私の場合、損益計算書に記載された販売管理費の金額が大きく変動した場合、この注記事項に目を通すようにしています。

たとえ厳しい決算だったとしても、給料や賞与の金額が増えていたとすれば、「積極的に人を採用して、次の成長につなげようとしているのかもしれない」というように、前向きに捉えることもできます。

ちなみに社員数は、ハイライト情報に5期分の推移が記載されているので、それも参考になるでしょう。

ポイント❸　製造原価明細書でコスト構造を把握する

製造業の場合、「製造原価明細書」が親会社のみの損益計算書の後に付けられています。

次ページに示したのは、前出のSUMCOの製造原価明細書です。

これを見ると、製造（売上）原価の中身を把握することができます。

具体的には「材料費」「労務費」「経費」などですが、数字が出ているのはあくまでも親会社のもののみであり、連結ベースのものは公表されていません。

したがって、連単倍率（親会社単独の決算と子会社等を含む全体の連結決算の比率。倍率が高い企業は子会社、関連会社の比重が高い）が何十倍もある、子会社をたくさん持っているような企業の場合、グループ全体の製造原価までは把握できないのですが、連単倍率が1.1倍、あるいは1.2倍程度の、子会社が1社程度しかないような企業であれば、親会社の製造原価と連結ベースの製造原価がほぼ同じになるので、親会社の製造原価を見ることによって、製造に関する全体のコスト構造を、おおまかにですが把握することができます。

■ SUMCOの有価証券報告書「製造原価明細書」

【製造原価明細書】

区分	注記番号	前事業年度 (自 2021年1月1日 至 2021年12月31日)		当事業年度 (自 2022年1月1日 至 2022年12月31日)	
		金額(百万円)	構成比(%)	金額(百万円)	構成比(%)
I　材料費		58,666	37.5	66,261	36.5
II　労務費		32,462	20.8	36,909	20.3
III　経費	※2	65,281	41.7	78,321	43.2
当期総製造費用		156,409	100.0	181,492	100.0
期首仕掛品棚卸高	※4	12,906		14,557	
合計		169,315		196,049	
期末仕掛品棚卸高		14,557		16,850	
他勘定振替高	※3	127		146	
当期製品製造原価		154,631		179,052	

前事業年度 (自 2021年1月1日 至 2021年12月31日)	当事業年度 (自 2022年1月1日 至 2022年12月31日)
1．原価計算の方法 　　品種別に工程別総合原価計算をおこなっております。	1．原価計算の方法 　　同左
※2．経費のうち主なものは次のとおりであります。 　　　電力料　　　　　　　　10,538百万円 　　　減価償却費　　　　　　37,863	※2．経費のうち主なものは次のとおりであります。 　　　電力料　　　　　　　　16,228百万円 　　　減価償却費　　　　　　41,323
※3．他勘定振替高の内訳は次のとおりであります。 　　　販売費及び一般管理費へ　124百万円 　　　営業外費用へ　　　　　　　2	※3．他勘定振替高の内訳は次のとおりであります。 　　　販売費及び一般管理費へ　141百万円 　　　営業外費用へ　　　　　　　4
※4．前事業年度の期首から収益認識会計基準等を適用いたしました。この結果、前々事業年度の期末仕掛品棚卸高12,908百万円から組み替えております。	

※ 連結財務諸表においてセグメント情報を注記している場合、製造原価明細書の開示は免除されるため、すべての製造業が製造原価明細書を載せているわけではありません。

ポイント❹　監査法人の知名度でわかること

　これはやや際どい話ではあるのですが、あくまでも参考情報ということで、頭の片隅にでも置いていただければと思います。

　それは、有価証券報告書の最終ページ近くの「独立監査人の監査報告書」に記載されている、監査法人名に注目してくださいということです。

　あくまでも私の主観なのですが、この監査法人名がほとんど聞いたことのない、小さな規模のところだと不安になることがあります。

　もちろん、小さい監査法人でもしっかり監査を行っているところもありますが、**小さい監査法人ほど監査先である会社の数が少ないため、なれ合い監査になる恐れがあるのです**。特に監査している上場企業の数が1社しかないような、文字通り専属に近い監査法人ほど、そのリスクが高まります。なぜなら、その1社からしか監査報酬が得られないので、監査法人の売上依存度が高くなり、監査先である会社に対して、強いことが言えなくなってしまう傾向にあるからです。

ポイント❺　従業員数と平均給与からわかること

　「従業員の状況」という項目には、あくまでも親会社に籍を置いている社員に限定されますが、平均年収とセグメント別の従業員数が記載されています。

　もちろん給与がすべてではありませんが、**いい人材をたくさん確保できる会社かどうかは、やはり人件費にどれだけお金をかけられるかという点が問われます**。

　特にこれからは、人手不足の時代を迎えます。少子化が進んだ日本では、労働に携わる人の数がどんどん減っていきます。それでも生産性を維持するため、多くの会社はDXなどを進めていますが、やはり

優秀な人材を確保しなければ、会社の競争力がどんどん落ちてしまいます。このような環境下で、ひとりでも多くの優秀な人材を確保するためには、給与を引き上げる必要性も高まってきます。そういう観点から、年間平均給与の水準には注目しておく必要があるのです。

　また、セグメント別の従業員数を見ると、その会社がどの部門に最も力を入れているのかがわかります。当然のことですが、より多くの従業員を割いている部門がその会社の主力と考えられます。

■ 味の素の有価証券報告書「従業員の状況」(一部)

5【従業員の状況】

(1) 連結会社における状況

2023年3月31日現在

セグメントの名称	従業員数(人)	
調味料・食品	21,963	(4,174)
冷凍食品	5,923	(3,671)
ヘルスケア等	5,017	(309)
その他	1,079	(549)
全社(共通)	633	(－)
合計	34,615	(8,703)

(注) 1. 従業員数は、就業従業員数です。
(注) 2. 従業員数欄の( )内は、臨時従業員の年間平均雇用人員数を外数で記載しております。

(2) 提出会社の状況

2023年3月31日現在

従業員数(人)	平均年齢(歳)	平均勤続年数(年)	平均年間給与(円)
3,335 (221)	44.6	20.3	10,475,177

セグメントの名称	従業員数(人)	
調味料・食品	1,629	(54)
冷凍食品	27	(－)
ヘルスケア等	963	(122)
その他	83	(45)
全社(共通)	633	(－)
合計	3,335	(221)

(注) 1. 従業員数は、就業従業員数です。
(注) 2. 従業員数欄の( )内は、臨時従業員の年間平均雇用人員数を外数で記載しております。
(注) 3. 平均年間給与は、賞与及び基準外賃金を含んでおります。

140

ポイント❻ 決算短信で来期の業績予想を見る

　ここまで有価証券報告書を深掘りするポイントを解説してきました。最後に決算短信について少し触れておきます。

　基本的に決算短信に記載されている財務三表も有価証券報告書に記載されているのと内容は変わらないのですが、決算短信にしか掲載されていない内容もあります。

　決算短信にしか掲載されていない情報とは、業績予想です。会社として、今後1年間の業績をどう予想しているのか、ということが記載されているのです。

　たとえば、味の素だと2023年3月期の売上が1兆3591億1500万円でしたが、2023年5月11日に開示された2023年3月期決算短信によると、2024年3月期の連結業績予想は売上が1兆4650億円で、前年度比7.8%増を目指しています。

■ 味の素の決算短信「業績予想」

3. 2024年3月期の連結業績予想（2023年4月1日〜2024年3月31日）

（％表示は、対前期増減率）

	売上高		事業利益		親会社の所有者に帰属する当期利益		基本的1株当たり当期利益
	百万円	%	百万円	%	百万円	%	円 銭
通期	1,465,000	7.8	150,000	10.8	95,000	1.0	182.10

　また、「次期の見通し」という項目では、通期為替レートをいくらに想定しているのか、この業績予想を達成するための前提条件はなんなのか、セグメント別の業績見通しはどうなのか、といった点にも触れられています。これも、有価証券報告書にはない情報です。

　問題は、この業績見通しを達成できるのかどうかという点です。

　もちろん予想通りにいかないこともあります。ただ、会社としては、この業績予想をベースにして、社員の業績目標を立てたり、各種予算組みをしたりするので、まったく実現不可能な数字ではありません。

■ 味の素の決算短信「次期の見通し」

2. 次期の見通し

(億円)

	売上高	事業利益	親会社の所有者に帰属する 当期利益
2024年3月期	14,650	1,500	950

次期の連結売上高は1兆4,650億円、同事業利益は1,500億円を見込んでおります。また同親会社の所有者に帰属する当期利益は950億円を見込んでおります。通期為替レートは1ドル＝135円を想定しております。

なお、次期の業績予想における主な前提は以下の通りです。

・足元のインフレの状況や為替、金利等の動向が今後も継続。
・発酵原料や、その他食品の原料コスト、燃料コストは総じて高止まりが継続。

厳しい経済環境下、当社は機敏な価格対応やより付加価値の高い製品の提供、低資源利用発酵や原料ミックスの工夫等によるコストダウンを着実に推進することにより、「中期ASV経営 2030ロードマップ」の実現を目指してまいります。

(参考) セグメント別業績見通し

(億円)

	2024年3月期	
	売上高	事業利益
調味料・食品	8,238	929
冷凍食品	2,923	37
ヘルスケア等	3,301	541
その他	186	△8
合計	14,650	1,500

(注) 翌連結会計年度より、報告セグメントごとの業績をより適切に評価するため、研究開発費等の費用の配賦方法を変更することとしており、上記の数値は当該変更を反映した数値となっております。

　とはいえ経営者からすると、業績予想は投資家に対してコミットするものでもあるので、これが未達ということになると、株価下落の洗礼を浴びることになります。

　したがって、業績見通しはやや保守的な数字にしておき、途中で業績見通しを上方修正したほうが、経営者としては恰好がつくともいえますが、あまりに保守的に過ぎると、今度は投資家が期待外れということで、さらに株式が売られることもあります。

　このように、業績見通しは匙加減が非常に難しいところではありますが、やはり会社の業績動向を見るうえでは重要な参考情報のひとつなので、第1四半期、第2四半期というように四半期ごとの進捗状況と併せて、達成できるかどうかをウォッチしておく必要はあります。

PART 5

実際に
有価証券報告書
を速読
してみよう

1
レーザーテック株式会社
（6920）

　PART5では、7つの企業を取り上げて実際に有価証券報告書を使って決算書を速読してみましょう。

　なお、本章で取り上げる企業のIR資料はすべてインターネット上で閲覧することができます。誌面の都合上、すべての資料を掲載することはできませんので、興味がある部分についてはご自身で検索してみてください。

　最初に取り上げるのは、レーザーテックという企業（見出し下の数字は証券コード）です。

　レーザーテックは、半導体検査装置の会社です。特に、「先端半導体」といって、1枚のチップに書かれている回路の線幅が5nm（ナノメートル）という非常に微細な半導体の検査を行うのに用いられる、EUV露光対応フォトマスク検査装置で、世界100％というとんでもないシェアを持っている会社です。ちなみに「nm」という単位は、10億分の1メートルを指します。

　改めて言うまでもなく、半導体は私たちの生活のあらゆるところで使われています。スマートフォンやパソコンはもちろんのこと、冷蔵庫や炊飯器などの家電製品、照明器具、自動車にも多用されています。普段はそれほど意識していないと思いますが、とにかく私たちの日常生活のありとあらゆるところに、半導体が用いられているのです。そうである以上、半導体はものすごい成長産業とも言えるでしょう。

　現状、半導体メーカーにおける日本企業の地位は大幅に後退していますが、逆に日本企業の存在感が目立つのは、「半導体製造装置」や「半導体材料」などの周辺産業です。ここで取り上げるレーザーテッ

クは、このうち半導体製造装置の会社になります。

それでは早速、有価証券報告書を使ってレーザーテックの決算書を読み解いていきましょう。

ステップ❶ 会社の稼ぐ力を見抜く

●【手順1】ハイライト情報で過去の業績を把握する

同社は6月決算企業です。次ページに示した2023年6月期の有価証券報告書の「主要な経営指標等の推移（以下、ハイライト情報）」を見てみましょう。過去5期分の売上高の傾向を見ると、ものすごい勢いで伸びていることがわかります。

前期比を計算すると、**第58期＝47.98％増、第59期＝65.01％増、第60期＝28.66％、第61期＝69.10％増、**となります。

第60期の伸び率が大幅に落ち込んでいるのは、ポストコロナで半導体に供給制約が生じたためと思われます。そのイレギュラーを除けば、売上高の伸びは著しく、成長産業であることがわかります。

売上高や経常利益が伸びている一方、自己資本比率が減少傾向をたどっているのは、成長に必要な投資を積極的に行っているからです。キャッシュ・フローを見ると、投資活動によるキャッシュ・フローは期を追うごとにマイナスの額が増加していることから、それをうかがい知ることができます。

また、この積極投資が功を奏して大きく稼げているのは、自己資本利益率を見れば一目瞭然です。第57期の20.4％から、第61期には50.8％まで増えています。投資家から集めた資金を使って、さまざまな設備投資を行うことで売上を伸ばしており、投資家が受け取るリターンも年々、大幅に増加していることを意味しています。

1 【主要な経営指標等の推移】
(1) 連結経営指標等

回次		第57期	第58期	第59期	第60期	第61期
決算年月		2019年6月	2020年6月	2021年6月	2022年6月	2023年6月
売上高	(百万円)	28,769	42,572	70,248	90,378	152,832
経常利益	(百万円)	7,834	15,115	26,438	33,582	63,668
親会社株主に帰属する当期純利益	(百万円)	5,933	10,823	19,250	24,850	46,164
包括利益	(百万円)	5,767	10,863	20,251	25,327	46,989
純資産額	(百万円)	31,107	39,175	55,188	72,747	109,142
総資産額	(百万円)	50,055	81,794	118,725	178,629	271,574
1株当たり純資産額	(円)	344.72	434.19	611.76	806.45	1,209.99
1株当たり当期純利益	(円)	65.80	120.02	213.47	275.57	511.89
潜在株式調整後1株当たり当期純利益	(円)	65.75	119.92	213.29	275.34	511.46
自己資本比率	(％)	62.1	47.9	46.5	40.7	40.2
自己資本利益率	(％)	20.4	30.8	40.8	38.9	50.8
株価収益率	(倍)	32.4	84.7	101.1	58.6	42.1
営業活動によるキャッシュ・フロー	(百万円)	5,800	16,486	10,488	△3,464	40,548
投資活動によるキャッシュ・フロー	(百万円)	△994	△2,038	△3,703	△5,387	△20,570
財務活動によるキャッシュ・フロー	(百万円)	△1,715	△2,800	△4,242	2,149	△15,557
現金及び現金同等物の期末残高	(百万円)	13,120	24,660	27,849	23,420	29,773
従業員数	(人)	375	448	529	662	859

(注) 1. 当社は、2019年11月25日開催の取締役会決議に基づき、2020年1月1日付で普通株式1株につき2株の割合で株式分割を行っております。そのため、第57期の期首に当該株式分割が行われたと仮定して1株当たり純資産額、1株当たり当期純利益及び潜在株式調整後1株当たり当期純利益を算定しております。
　　　 2. 第61期より金額の表示単位を千円単位から百万円単位に変更しております。なお、比較を容易にするために、第57期から第60期についても、金額の表示単位を千円単位から百万円単位に変更しております。

●【手順2】沿革で会社の歴史を知る

　次ページの沿革を見ると、実は結構、社歴の長い会社であることがわかります。「レーザーテック」という社名が株式市場に知れ渡ったのはここ数年の話です。でも、設立は1960年7月ですから、60年を超える歴史を持っているのです。ここを読むと、これまでレーザーテックがどういうビジネスを展開してきたのかがわかります。

　それにしても、社歴が60年を超えれば、大概の会社は成長産業から成熟産業になり、それにともなって成長率も下がるものですが、レーザーテックは今でも売上高で60％超、経常利益で89％も成長していることから、いかに半導体業界全体が好調であるかがわかります。

●【手順3】収益構造を把握する

　次に稼ぐ力を見てみましょう。

　前ページに示した、有価証券報告書の5期分のハイライト情報では、売上高の下に経常利益があるので、これを用いて利益率の推移を計算すると、

　第57期＝27.23％、第58期＝35.50％、第59期＝37.64％、第60期＝37.16％、第61期＝41.66％、となります。

　第60期はやや停滞したものの、第61期は40％台に乗せてきており、利益率は堅調に推移しています。

　続いて、第61期の損益計算書（149ページ）を見てみましょう。売上高、売上原価、販売管理費などは以下のようになります。

・売上高 ………… 1528億3200万円

・売上原価 ………… 688億1700万円

・販売管理費 ………… 217億2600万円

・営業外収益 ………… 14億900万円

・営業外費用 ………… 2800万円

■ レーザーテックの有価証券報告書「沿革」

2【沿革】

年月	事項
1960年7月	東京都目黒区において当社の前身である㈲東京アイ・テイ・ブイ研究所を設立 X線テレビジョンカメラの開発、設計、製造を開始
1962年8月	資本金1,000千円で日本自動制御㈱を設立
1963年8月	神奈川県川崎市木月へ本社を移転
1965年11月	神奈川県川崎市北加瀬へ本社を移転
1971年5月	磁気テープ走行中のテンションを測定する「テンションアナライザー」を開発
1975年2月	フォトマスクのピンホールを発見する「フォトマスクピンホール検査装置」を開発
1975年4月	「顕微鏡自動焦点装置」を開発
1976年10月	LSIのマスクパタン欠陥を自動検査する「フォトマスク欠陥検査装置」を世界で初めて開発
1980年4月	神奈川県横浜市港北区綱島東へ本社を移転
1985年6月	「カラーレーザー顕微鏡」を開発
1986年6月	商号を「レーザーテック株式会社」に変更
1986年7月	子会社㈱レーザーテック研究所を東京都港区に設立
1986年12月	Lasertec U.S.A., Inc.（現連結子会社）を米国カリフォルニア州サンノゼ市に設立
1987年6月	子会社レーザーテック販売㈱を東京都港区に設立
1989年7月	㈱レーザーテック研究所及びレーザーテック販売㈱を吸収合併
1990年12月	日本証券業協会に店頭売買銘柄として株式を登録
1993年7月	LCD（液晶ディスプレイ）の突起欠陥等を検査し、修正する「カラーフィルター欠陥検査装置」及び「カラーフィルター欠陥修正装置」を開発
1994年11月	位相シフトマスクの位相シフト量を測定する「位相シフト量測定装置」を開発
1996年12月	フォトマスクに装着されているペリクル及びフォトマスクの裏面に付着した異物を検査する「ペリクル面異物検査装置」を開発
1998年8月	半導体ウェハ上の欠陥をマルチビームレーザーコンフォーカル光学系を利用して検査する「ウェハ欠陥検査装置」を開発
2000年2月	フォトマスクのマスクブランクスの欠陥を検査する「マスクブランクス欠陥検査装置」を開発
2001年2月	Lasertec Korea Corp.（現連結子会社）を韓国ソウル市に設立
2004年12月	ジャスダック証券取引所（現 東京証券取引所JASDAQ（スタンダード））に株式を上場（2012年5月上場廃止）
2008年3月	神奈川県横浜市港北区新横浜へ本社を移転
2009年5月	太陽電池の変換効率分布を可視化する「太陽電池変換効率分布測定機」を開発
2010年6月	Lasertec Taiwan, Inc.（現連結子会社）を台湾新竹県竹北市に設立
2012年3月	東京証券取引所市場第二部に株式を上場
2013年3月	東京証券取引所市場第一部銘柄に指定を受ける
2017年4月	世界で初めてEUV光（波長13.5nm）を用いた「EUVマスクブランクス欠陥検査/レビュー装置」を開発
2017年6月	Lasertec China Co., Ltd.（Lasertec Taiwan, Inc.の100%子会社）を中国上海市に設立
2019年9月	世界で初めてEUV光（波長13.5nm）を用いた「アクティニックEUVパターンマスク欠陥検査装置」を開発
2019年11月	Lasertec Singapore Pte. Ltd.（現連結子会社）をシンガポールに設立
2022年4月	東京証券取引所の市場区分の見直しにより、市場第一部からプライム市場に移行

■ レーザーテックの損益計算書

【連結損益計算書】

(単位：百万円)

	前連結会計年度 (自 2021年7月1日 至 2022年6月30日)	当連結会計年度 (自 2022年7月1日 至 2023年6月30日)
売上高	※1 90,378	※1 152,832
売上原価	※2,※3 42,591	※2,※3 68,817
売上総利益	47,787	84,014
販売費及び一般管理費	※4 15,295	※4 21,726
営業利益	32,492	62,287
営業外収益		
受取利息	9	25
受取配当金	13	30
投資有価証券売却益	235	—
為替差益	813	1,333
その他	18	20
営業外収益合計	1,090	1,409
営業外費用		
支払利息	—	27
その他	0	0
営業外費用合計	0	28
経常利益	33,582	63,668
税金等調整前当期純利益	33,582	63,668
法人税、住民税及び事業税	8,130	20,096
法人税等調整額	600	△2,591
法人税等合計	8,731	17,504
当期純利益	24,850	46,164
親会社株主に帰属する当期純利益	24,850	46,164

　売上原価率は45％。ちなみに製造業の売上原価率は80％程度が目安とされますから、45％という数字はかなり優秀です。

　営業外収益で気になるのは「為替差益」でしょう。同社の場合、営業外収益が14億900万円で、そのうち13億3300万円が為替差益によるものです。

　レーザーテックは、製品を諸外国に輸出して稼いでいる輸出企業でもありますから、2022年7月から2023年6月までの今決算期中に進んだ大幅な円安は、それなりに利益貢献したと考えられます。

　ただ、為替差益は常に収益につながるものではありません。円高が進めば、為替差損として営業外費用に計上されます。

　とはいえ、為替差益の経常利益に対する割合が2％ちょっとである

ところからすると、その影響に関してはそれほど真剣に考える必要はないのかもしれません。

【手順4】のセグメント情報についてですが、レーザーテックの事業は「検査・測定装置の設計、製造、販売を行う単一のセグメント」であるため、どのセグメントの収益が最も業績に寄与しているのか、という点を考慮する必要はありません。

ステップ❷ 会社の安全性・健全性を見抜く

● 【手順1】ハイライト情報から「自己資本比率」を把握する

ステップ2では、会社の安全性を見ていきます。

まず、146ページに示したハイライト情報で自己資本比率の推移を見てみましょう。

自己資本比率の適正値は、業種やその企業の成長過程にもよりますが、大体20〜49%の範囲に収まっていればよしとされます。レーザーテックの自己資本比率は期を追うごとに低下していますが、第61期でも40.2％を維持していますから、資金繰りに窮するようなことにはならないと考えられます。

● 【手順2】貸借対照表の「資産の部」「負債の部」をチェックする

次に、「貸借対照表」を見てみましょう。資産、負債、純資産の金額を並べると次のようになります。

・資産 ……………… 2715億7400万円
・負債 …………… 1624億3200万円
・純資産 …………… 1091億4200万円

■ レーザーテックの貸借対照表

① 【連結貸借対照表】

(単位：百万円)

	前連結会計年度 (2022年6月30日)	当連結会計年度 (2023年6月30日)
資産の部		
流動資産		
現金及び預金	23,494	29,773
受取手形、売掛金及び契約資産	10,449	21,611
仕掛品	※1 94,308	※1 131,056
原材料及び貯蔵品	9,774	21,017
未収入金	15,006	19,640
その他	8,019	8,029
貸倒引当金	△22	△38
流動資産合計	161,031	231,090
固定資産		
有形固定資産		
建物及び構築物	4,878	13,792
減価償却累計額	△2,495	△2,968
建物及び構築物（純額）	2,382	10,824
機械装置及び運搬具	3,925	6,520
減価償却累計額	△2,436	△3,051
機械装置及び運搬具（純額）	1,488	3,468
工具、器具及び備品	2,604	2,998
減価償却累計額	△1,843	△2,164
工具、器具及び備品（純額）	761	834
リース資産	31	56
減価償却累計額	△13	△18
リース資産（純額）	18	37
土地	4,254	13,146
建設仮勘定	6	113
有形固定資産合計	8,912	28,424
無形固定資産	5,956	6,164
投資その他の資産		
投資有価証券	949	1,625
退職給付に係る資産	38	56
繰延税金資産	1,493	3,892
その他	248	320
投資その他の資産合計	2,729	5,895
固定資産合計	17,598	40,484
資産合計	178,629	271,574

151

■ レーザーテックの貸借対照表

(単位：百万円)

	前連結会計年度 (2022年6月30日)	当連結会計年度 (2023年6月30日)
負債の部		
流動負債		
買掛金	11,015	17,034
短期借入金	※2 10,000	※2 5,000
未払法人税等	4,652	15,867
前受金	60,092	95,155
繰延収益	3,242	6,168
賞与引当金	－	237
役員賞与引当金	788	906
有償支給取引に係る負債	11,611	15,458
その他	3,764	5,609
流動負債合計	105,167	161,438
固定負債		
退職給付に係る負債	459	455
株式給付引当金	－	267
資産除去債務	219	224
その他	35	46
固定負債合計	714	993
負債合計	105,882	162,432
純資産の部		
株主資本		
資本金	931	931
資本剰余金	1,156	1,207
利益剰余金	70,031	105,551
自己株式	△977	△977
株主資本合計	71,142	106,712
その他の包括利益累計額		
その他有価証券評価差額金	570	1,041
為替換算調整勘定	1,013	1,369
退職給付に係る調整累計額	－	△1
その他の包括利益累計額合計	1,583	2,409
新株予約権	21	21
純資産合計	72,747	109,142
負債純資産合計	178,629	271,574

　前述した自己資本比率は、この純資産を資産で割って求めた数字です。負債は返済義務を負った借金ですが、純資産は大半が出資者から集めた返済義務を要しない資金なので、上記３つのバランスを見たとき、純資産の額が大きいほど資金繰りに窮するリスクは低くなります。

　次に、資産と負債の両方について、流動と固定の割合を見ます。

【資産】
・流動資産 …………… 2310億9000万円
・固定資産 ………… 404億8400万円

【負債】
・流動負債 ………… 1614億3800万円
・固定負債 ………… 9億9300万円

　資産に関しては、流動資産の額が固定資産の額を大きく上回るのが望ましく、負債に関しては、固定負債の額が流動負債の額を上回っているのが理想です。それを鑑みると、レーザーテックの流動負債額は大き過ぎるように見えます。

　それとともに、流動資産を流動負債で割って求める「流動比率」にも注目してください。ちなみに、レーザーテックの流動比率は、

【流動比率】
・2310億9000万円÷1614億3800万円×100＝143.14%

となります。この数字が100%を超えていれば、１年以内に返済しなければならない負債を、１年以内に現金化できる資産で賄えることになります。その点では、そう簡単に資金繰りが窮することにはならな

153

いと思いますが、ちょっとだけ気になるのが「負債総資産比率」です。

　負債総資産比率は、負債総額を総資産で割って求められます。

・資産合計額 ……………… 2715億7400万円
・負債合計額 ……………… 1624億3200万円

【負債総資産比率】
・1624億3200万円 ÷ 2715億7400万円 × 100 ＝ 59.81%

　負債総資産比率が高いほど、債務返済リスクが高いと考えられます。**一般的には50%よりも低ければ、将来の債務返済リスクは低い**と考えられますので、59.81％はやや債務返済リスクがありそうだ、と判断されます。

　そこで、負債の中身を詳しく見てみましょう。負債というと銀行からの借入というイメージが強いと思いますが、同社の短期借入金の額は50億円で、前会計年度の100億円から半分に減っていますし、額そのものを見てもたいしたことはありません。

　そこで流動負債の各項目を見ていくと、「前受金」が951億5500万円もあることがわかります。負債合計額のうち58.58％が前受金なのです。**前受金は借入金のように金利はいっさい発生しませんし、顧客に製品を提供した段階で、この額が売上高に計上されていきます。**

　したがってレーザーテックの場合、たしかに負債総資産比率は50％を優に超えているので、その点では将来の債務返済リスクが心配されるところですが、負債合計額の半分超が前受金なので、それを考慮すると債務返済リスクはむしろ低いほうだと考えられます。

● 【手順3】**貸借対照表の「純資産の部」をチェックする**
　純資産についても見てみましょう。利益剰余金は1055億5100万円もあります。前述したように、利益剰余金はこれまでの事業によって得

た利益の一部を内部留保したものですから、毎期、しっかり利益を上げている企業は、この額が徐々に積み上がっていきます。

　ちなみにレーザーテックの場合、前会計年度の利益剰余金が700億3100万円で、今会計年度が1055億5100万円ですから、1年間で350億円以上内部留保を積み上げたことになります。

　では、1055億5100万円の利益剰余金は適正水準なのでしょうか。

　これを把握するための数字が「利益剰余金比率」で、利益剰余金を総資本で割って求められます。ちなみに総資本とは、負債合計額と純資産を合わせた金額になります。

　レーザーテックの場合、負債合計額が1624億3200万円で、純資産が1091億4200万円ですから、合計で2715億7400万円になります。ちなみに同社の貸借対照表上では、純資産の部のいちばん下に、「負債純資産合計」として明記されています。計算すると、

・利益剰余金 …………… 1055億5100万円
・総資本（負債純資産合計）…………… 2715億7400万円

【利益剰余金比率】
1055億5100万円 ÷ 2715億7400万円 × 100 ＝ 38.87%

となります。**利益剰余金比率は40％を上回るのが理想**と考えられており、それを多少下回ってはいますが、合格点と言っていいでしょう。

　ところで、「内部留保＝現預金」のイメージを強く持たれている人のために、内部留保の額を示す利益剰余金の金額と、資産の部にある現金及び預金の金額を比較してみましょう。

・利益剰余金 …………… 1055億5100万円
・現金及び預金 …………… 297億7300万円

一目瞭然ですね。いくら内部留保といえども、現金や預金で保有されている額は利益剰余金の総額に対して約30％弱でしかないのです。

● 【手順4】キャッシュ・フローをチェックする

　財務三表の最後はキャッシュ・フロー計算書です。これも146ページに示したハイライト情報に過去5期分の推移が示されているので、まずはこれを見て、キャッシュ・フローの傾向を把握しておきましょう。

　まず営業活動のキャッシュ・フローですが、ほぼ毎期プラス傾向をたどってきましたが、第60期だけ34億6400万円の支出超になっています。第61期は405億4800万円の収入超になっているので、第60期の支出超は一時的な要因であることがわかりますが、実際、何が原因だったのかは、2022年6月決算の有価証券報告書に遡ってチェックする必要があります。

　それによると、「主に、棚卸資産の増加額500億23百万円、法人税等の支払額83億3百万円などの支出要因が、税金等調整前当期純利益335億82百万円、前受金の増加額145億84百万円などの収入要因を上回ったことによるもの」と書かれています。基本的には一時的な要因であることが、この記述からわかります。

　投資キャッシュ・フローは着実に支出超が続いており、額も毎期増えています。この点からも、レーザーテックが事業を成長させるために、積極的な設備投資を行っていることがわかります。

　また、財務活動によるキャッシュ・フローは、少なくともこの5期分について言えば、ほとんど支出超になっています。投資キャッシュ・フローは恒常的に支出超であり、これだけ積極的な投資を行うに際しては、外部からの資金調達が必要になります。つまり、設備投資を行

うために銀行などからの借入を増やせば、財務キャッシュ・フローは収入超になるはずです。ところがこの5期の傾向としては、投資キャッシュ・フローが毎期、支出超であるのに対し、財務キャッシュ・フローも毎期、ほぼ支出超が続いています。

　理由を挙げるとすると、「営業キャッシュ・フローが十分に大きいから」と言えます。

　レーザーテックの営業キャッシュ・フローは非常に大きく、投資に充てるお金を本業で十分生み出すことができています。したがって、投資金額が巨額ではあっても、外部借入などの財務キャッシュ・フローで補充する必要がないくらい潤っていると言えます。

　実際、5年間の営業キャッシュ・フローと投資キャッシュ・フローの合計は下記の通りです。

・営業キャッシュ・フロー …………… 698億5800万円

・投資キャッシュ・フロー …………… ▲326億9200万円

　この数字を見れば、レーザーテックの営業キャッシュ・フローが、同社の巨額の投資による支出を補って余りある金額であることがおわかりいただけると思います。

　ちなみに、同社の株価は2024年1月現在、3万3000円〜3万5000円くらいです。このような高値を維持できている一因として、余剰資金を配当金の支払いに充当できていることも大きいと考えられます。

2

株式会社物語
コーポレーション（3097）

　物語コーポレーションは、愛知県豊橋市に本社を持つ外食企業です。焼肉部門、ラーメン部門、お好み焼部門、ゆず庵部門、焼きたてのかるび部門、専門店・新業態部門という6つの部門を展開しています。

　主要ブランドは「焼肉きんぐ」です。その他、「牛たん大好き焼肉はっぴぃ」「丸源ラーメン」「寿司・しゃぶしゃぶ　ゆず庵」「お好み焼本舗」「焼きたてのかるび」「北海道 蟹の岡田屋総本店」「果実屋珈琲」など17ブランドを有しており、直営店とフランチャイズの両方で、郊外を中心に店舗展開しています。

　外食産業はここ数年、コロナ禍の影響によって厳しい経営環境が続きました。それだけに、売上高や利益がコロナ禍前の水準まで回復しているのかどうかが注目されます。

ステップ❶　会社の稼ぐ力を見抜く

●【手順1】ハイライト情報で過去の業績を把握する

　同社は6月決算企業です。2023年6月期の数字は、2022年7月から2023年6月までを計算期間としたものですが、新型コロナウイルスが季節性インフルエンザと同等の5類にダウングレードされ、行動制限がなくなったのは2023年5月のことです。

　したがって、2022年7月から2023年5月までの11カ月間、つまり2023年6月期決算の大半の期間は、2020年から2021年に比べて緩くはなったものの、それでもまだ行動制限下であり、外食産業にとってはアゲインストだったと考えられます。

　こうした外部環境だったことを前提にして、2023年6月期決算の数

字をチェックする必要があります。

　まず、有価証券報告書で過去5期分の業績推移を見てみましょう。

　新型コロナウイルスの感染拡大が深刻化したのは、2020年3月前後からのことです。したがって、2019年6月期は新型コロナウイルス感染拡大の影響をいっさい受けていませんし、2020年6月期もざっくり言って3カ月間程度、影響を受けただけに過ぎません。

　そして、2019年6月期の売上が589億2400万円で、2020年6月期のそれは579億6000万円でした。2020年6月期の売上が、前期に比べてやや落ち込んだのは、短い期間とはいえ、新型コロナウイルス感染拡大の影響を受けたからだと考えられます。

　とはいえ、新型コロナウイルスによる行動制限では時短営業や酒類提供停止、人数制限などが行われ、外食産業にとっては大きなダメージだと思われますが、同社の売上高推移を見ると、2020年6月期の売上高は前期比で1.6％減にとどまっています。

　なぜ微減ですんだのでしょうか。

　その疑問を解決するためには、2020年6月期の有価証券報告書に当たるしかありません。表の掲載は割愛しますが、実際に見てみると、2020年6月期の売上高は前期比1.6％減でしたが、開店から18カ月以上を経過している国内店舗、いわゆる既存店の売上高は、前期比で9.0％減となっていました。

　既存店の売上高が前期比9.0％も落ち込んだのに、連結ベースの売上高が1.6％減ですんだのは、新規出店効果によるものだと考えられます。実際、2020年6月期における新規出店数は、国内外で43店舗になりました。この新規店舗の売上高が全体の売上高の落ち込みを支えたとも言えそうです。

　少し話がずれてしまいましたが、新規出店効果があるとはいえ、2021年6月期の売上高は、すでに新型コロナウイルス感染拡大による行動制限が行われる前の水準を大きく超えており、この点から新型コ

■ 物語コーポレーションの有価証券報告書「ハイライト情報」

Ⅰ 【主要な経営指標等の推移】
(1) 連結経営指標等

回次		第50期	第51期	第52期	第53期	第54期
決算年月		2019年6月	2020年6月	2021年6月	2022年6月	2023年6月
売上高	(百万円)	58,924	57,960	64,018	73,277	92,274
経常利益	(百万円)	4,686	3,028	4,265	6,167	7,179
親会社株主に帰属する 当期純利益	(百万円)	2,938	456	2,727	3,727	4,693
包括利益	(百万円)	2,808	447	2,708	3,757	4,730
純資産額	(百万円)	17,681	17,493	19,961	22,960	24,954
総資産額	(百万円)	32,735	38,422	47,752	46,196	50,011
1株当たり純資産額	(円)	487.13	481.37	541.79	623.45	686.37
1株当たり当期純利益	(円)	81.39	12.64	75.36	102.85	129.48
潜在株式調整後1株当たり 当期純利益	(円)	81.10	12.60	74.98	102.41	127.78
自己資本比率	(%)	53.7	45.3	41.0	49.0	48.9
自己資本利益率	(%)	17.9	2.6	14.7	17.6	19.9
株価収益率	(倍)	17.5	110.6	33.0	18.9	26.9
営業活動による キャッシュ・フロー	(百万円)	5,803	2,826	5,789	8,778	9,695
投資活動による キャッシュ・フロー	(百万円)	△4,753	△4,870	△5,776	△7,383	△8,042
財務活動による キャッシュ・フロー	(百万円)	△206	5,687	4,225	△7,251	△3,229
現金及び現金同等物の 期末残高	(百万円)	6,260	9,888	14,214	8,464	6,853
従業員数 (外、平均臨時雇用者数)	(人)	1,384 (5,218)	1,279 (5,291)	1,429 (5,316)	1,442 (6,651)	1,581 (7,782)

(注) 1. 当社は、2021年3月1日付で普通株式1株につき2株の割合で株式分割を行っております。第50期の期首に当該株式分割が行われたと仮定して1株当たり純資産額、1株当たり当期純利益及び潜在株式調整後1株当たり当期純利益を算定しております。

2. 当社は、2023年3月1日付で普通株式1株につき3株の割合で株式分割を行っております。第50期の期首に当該株式分割が行われたと仮定して1株当たり純資産額、1株当たり当期純利益及び潜在株式調整後1株当たり当期純利益を算定しております。

3. 従業員数の欄に記載している平均臨時雇用者数には、人材派遣会社からの派遣社員を含んでおります。

4. 第51期の親会社株主に帰属する当期純利益の大幅な減少は、新型コロナウイルス感染症の感染拡大に伴い国内直営店舗全店を一時休業したこと等に関連する損失等を計上したことによるものであります。

5. 「収益認識に関する会計基準」(企業会計基準第29号 2020年3月31日)等を第53期の期首から適用しており、第53期以降に係る主要な経営指標等については、当該会計基準等を適用した後の指標等となっております。

6. 第54期より、金額の表示単位を千円単位から百万円単位に変更しております。なお、比較を容易にするため、第50期から第53期についても、表示単位を千円単位から百万円単位に変更しております。

ロナウイルスの感染拡大に伴う行動制限の影響は、完全に払しょくされたとも考えられます。

　もうひとつ、これは新規出店ペースが高まっているからとも考えられるのですが、売上高の増加ペースが高まっています。前期比を見ると、以下のようになります。

・2020年6月期 …………… ▲1.64%
・2021年6月期 …………… 10.45%
・2022年6月期 …………… 14.46%
・2023年6月期 …………… 25.92%

　新規出店ペースが速まっているのは、それだけ物語コーポレーションという会社に勢いがあることの証左と言ってもいいのかもしれません。

● 【手順2】沿革で会社の歴史を知る

　沿革（次ページ）を見てみましょう。実は非常に歴史の長い企業であることがわかります。設立は1949年。愛知県豊橋市のおでん店がルーツです。業態の多角化をスタートさせたのが1989年のこと。日本は当時、バブル経済のピークでした。

　おでん店にしゃぶしゃぶ、海鮮が加わり、焼肉、ラーメン、お好み焼、というように業態を増やし、それぞれについて直営店とフランチャイズを展開しています。業態の多角化は現在も続いていて、2023年6月には各種サンドイッチとデザート、飲み物を提供する新業態、「果実屋珈琲」をスタートさせました。

● 【手順3】収益構造を把握する

　次に稼ぐ力を計算してみましょう。まず、ハイライト情報に記載されている経常利益を用いて利益率を計算すると、第50期＝7.95%、第51期＝5.22%、第52期＝6.66%、第53期＝8.42%、第54期＝7.78%

■ 物語コーポレーションの有価証券報告書「沿革」

2【沿革】

年 月	事 項
1949年12月	愛知県豊橋市広小路におでん屋『酒房源氏』を創業
1969年9月	「株式会社げんじ」を資本金500万円で設立
1989年2月	愛知県豊橋市に『しゃぶしゃぶ海鮮 源氏総本店』1号店を開店
1990年12月	愛知県豊橋市に『魚貝三昧 げん屋』を開店
1995年12月	愛知県豊橋市に『焼肉一番カルビ』1号店を開店
1997年6月	商号を「株式会社物語コーポレーション」に変更
1997年11月	愛知県豊橋市に本社（現 豊橋フォーラムオフィス）を移転
2000年11月	東京都港区赤坂に東京本部を開設
2001年6月	愛知県安城市に『丸源ラーメン』1号店を開店
2005年1月	愛知県一宮市に『二代目丸源』1号店を開店
2005年12月	神奈川県相模原市中央区に『お好み焼本舗』1号店を開店
2007年3月	石川県野々市市に『焼肉きんぐ』1号店を開店
2008年3月	ジャスダック証券取引所（東京証券取引所JASDAQ（スタンダード））に株式を上場（2010年8月上場廃止）
2010年6月	東京証券取引所市場第二部に株式を上場
2011年6月	東京証券取引所市場第一部銘柄へ指定
2011年7月	愛知県小牧市に製麺工場『物語フードファクトリー』を設立
2011年11月	中華人民共和国に、現地法人「物語(上海)企業管理有限公司」を設立
2012年5月	東京都港区南青山（現・現所）に東京本部（現 東京フォーラムオフィス）を移転
2012年6月	東京都町田市に『寿司・しゃぶしゃぶ ゆず庵』1号店を開店
2013年11月	福岡県福岡市博多区に、福岡フォーラムオフィスを開設
	大阪府大阪市淀川区に大阪フォーラムオフィスを開設
2015年3月	東京都港区に『熟成焼肉 肉源』1号店を開店
2016年9月	東京都港区南青山に、東京フォーラムキッチンを開設
2017年4月	愛知県名古屋市中村区に、名古屋フォーラムオフィスを開設
2017年7月	愛知県豊橋市に『熟成醤油ラーメン きゃべとん』1号店を開店
2018年8月	愛知県豊橋市に『Storyteller株式会社』を設立
2019年4月	東京都中央区に『牛たん大好き 焼肉はっぴい』1号店を開店
	愛知県小牧市に液体調味料製造工場『物語フードラボ』を設立
2021年8月	愛知県豊橋市に『焼きたてのかるび』1号店を開店
2022年4月	東京証券取引所プライム市場へ移行
2023年5月	インドネシアで「PT. Prospect Motor」ならびに「兼松株式会社」と「PT. Agrapana Niaga Gemilang」に係る合弁契約の手続き完了
2023年6月	愛知県豊橋市に『濃厚中華そば 餃子 丸福』1号店を開店
	東京都調布市に『果実屋珈琲』1号店を開店

となります。

　外食産業はそれほど利益率の高い業界ではないので、こんなところだろうと思いますが、他の業種などと比較すると、「儲かりにくい商売」というイメージは否めません。

　では、どうして利益率が低いのでしょうか。第54期の損益計算書（次ページ）を見てみましょう。

・売上高 ………… 922億7400万円
・売上原価 ………… 320億4400万円
・販売管理費 ………… 530億2700万円
・営業外収益 ………… 9700万円
・営業外費用 ………… 1億2000万円

　このようになっています。

　上記の数字で計算すると、売上原価率は34.73％で、それほど高い数字ではありませんが、問題は販売管理費です。売上高に占める販売管理費の比率を計算すると、57.47％にもなります。**なかでも人件費、店舗の家賃といった固定費の比率が高く、利益率の低さにつながっています。**

　外食産業は参入障壁が低い反面、利益率も非常に低いため、たとえば立ち食いステーキ店のように大ヒットした業態があったとしても、すぐに競合他社が出てきて価格競争が激化し、それが利益率をさらに低下させてしまう傾向が見られます。この点では、物語コーポレーションも例外ではないことがわかります。

● 【手順4】 **どの事業が稼ぎ頭なのかをチェックする**

　次にセグメント情報を確認していきましょう。

　同社の場合、セグメント情報は特に掲載しておらず、部門ごとの担

■ 物語コーポレーションの損益計算書

【連結損益計算書】

（単位：百万円）

	前連結会計年度 （自 2021年7月1日 至 2022年6月30日）	当連結会計年度 （自 2022年7月1日 至 2023年6月30日）
売上高	※1 73,277	※1 92,274
売上原価	25,457	32,044
売上総利益	47,820	60,229
販売費及び一般管理費		
給料及び手当	19,146	22,498
賞与引当金繰入額	291	322
退職給付費用	140	147
賃借料	5,212	5,658
減価償却費	3,033	3,648
株主優待引当金繰入額	31	47
ポイント引当金繰入額	△13	△1
その他	17,105	20,704
販売費及び一般管理費合計	44,946	53,027
営業利益	2,873	7,202
営業外収益		
受取利息及び配当金	15	15
受取賃貸料	12	11
為替差益	174	－
協賛金収入	23	22
助成金収入	※2 3,102	※2 0
その他	40	47
営業外収益合計	3,368	97
営業外費用		
支払利息	35	25
賃貸収入原価	8	8
為替差損	－	22
株式報酬費用	2	15
その他	27	49
営業外費用合計	74	120
経常利益	6,167	7,179
特別利益		
違約金収入	－	※3 73
特別利益合計	－	73
特別損失		
固定資産除却損	※4 299	※4 293
減損損失	※5 110	※5 171
店舗閉鎖損失	※6 41	※6 76
店舗閉鎖損失引当金繰入額	5	2
新型コロナウイルス感染症関連損失	※7 245	－
特別損失合計	702	543
税金等調整前当期純利益	5,465	6,709
法人税、住民税及び事業税	1,806	2,145
法人税等調整額	△68	△129
法人税等合計	1,737	2,015
当期純利益	3,727	4,693
親会社株主に帰属する当期純利益	3,727	4,693

当人員、販売実績を明記しているだけです。販売実績を見ると、部門別の売上に対する寄与度がわかるので、複数業態を抱えている外食産業の場合は目を通しておいたほうがいいでしょう。

　ちなみに、物語コーポレーションの場合は下記の通りです。

・焼肉部門 ………… 488億5200万円
・ラーメン部門 ………… 146億2300万円
・お好み焼部門 ………… 19億7300万円
・ゆず庵部門 ………… 153億3200万円
・専門店部門 ………… 25億5200万円
・その他部門 ………… 30億4600万円
・フランチャイズ部門 ………… 58億9300万円

　圧倒的に焼肉部門の占める割合が高く、主力業態であることがわかります。これに次いで、寿司・しゃぶしゃぶを提供するゆず庵部門、ラーメン部門が3本柱といっていいでしょう。

　主力がわかれば、強力な競合他社が参入してきたとき、ビジネスモデルが揺るがないかどうかを判断するのに役立ちます。前述したように、外食産業は参入障壁が極めて低い業態なので、ここはしっかり見ておく必要があります。

> ステップ❷ 会社の安全性・健全性を見抜く

● 【手順1】ハイライト情報から「自己資本比率」を把握する
　外食産業である物語コーポレーションの稼ぐ力は、正直なところ、それほど高いとは思えません。もともと薄利多売の世界ですし、参入障壁の低さから価格競争に陥りやすく、メインプレーヤーが簡単に交代させられる世界です。
　では、安全性・健全性はどうでしょうか。160ページのハイライト

情報で自己資本比率の推移を見てみましょう。

　コロナ禍の影響が色濃く残されていた第52期は41.0％まで低下していますが、その後、徐々に回復基調をたどり、第54期では48.9％まで回復しています。この水準を維持できていれば、財務基盤に支障を来すようなことにはならないはずです。

● 【手順2】貸借対照表の「資産の部」「負債の部」をチェックする
　貸借対照表の資産、負債、純資産の金額は、次のようになります。

・資産 …………… 500億1100万円
・負債 …………… 250億5600万円
・純資産 …………… 249億5400万円

　次に資産と負債の両方について、流動と固定の割合を見てみます。

【資産】
・流動資産 …………… 132億3100万円
・固定資産 …………… 367億7900万円

【負債】
・流動負債 …………… 133億3500万円
・固定負債 …………… 117億2000万円

　このように数字を抽出して比較すると、固定資産の額がいささか大きいように見えます。資産はできるだけ短期間のうちに現金化できるもので持っていたほうが、財務面の安全性が高いと考えられます。
　流動資産を流動負債で割って求められる「流動比率」を計算すると、次のようになります。

■ 物語コーポレーションの貸借対照表

① 【連結貸借対照表】

(単位:百万円)

	前連結会計年度 (2022年6月30日)	当連結会計年度 (2023年6月30日)
資産の部		
流動資産		
現金及び預金	8,464	7,349
売掛金	2,426	3,324
商品及び製品	487	593
原材料及び貯蔵品	96	138
その他	1,654	1,826
貸倒引当金	△0	△1
流動資産合計	13,129	13,231
固定資産		
有形固定資産		
建物及び構築物(純額)	※2 22,096	※2 23,577
機械装置及び運搬具(純額)	328	371
工具、器具及び備品(純額)	2,598	3,486
土地	※2 1,437	※2 1,437
リース資産(純額)	12	10
建設仮勘定	214	891
有形固定資産合計	※1 26,686	※1 29,774
無形固定資産	500	770
投資その他の資産		
投資有価証券	182	185
繰延税金資産	868	979
差入保証金	4,540	4,846
その他	288	224
投資その他の資産合計	5,880	6,235
固定資産合計	33,067	36,779
資産合計	46,196	50,011

167

■ 物語コーポレーションの貸借対照表

(単位：百万円)

	前連結会計年度 （2022年6月30日）	当連結会計年度 （2023年6月30日）
負債の部		
流動負債		
買掛金	2,659	3,265
1年内償還予定の社債	1,000	－
1年内返済予定の長期借入金	※2 1,124	※2 1,216
未払法人税等	1,514	1,495
賞与引当金	294	325
株主優待引当金	33	47
ポイント引当金	1	－
店舗閉鎖損失引当金	5	2
その他	※5 5,696	※5 6,984
流動負債合計	12,329	13,335
固定負債		
社債	5,864	6,875
長期借入金	2,600	2,234
退職給付に係る負債	612	684
資産除去債務	613	708
その他	※5 1,215	※5 1,216
固定負債合計	10,907	11,720
負債合計	23,236	25,056
純資産の部		
株主資本		
資本金	2,863	2,883
資本剰余金	2,677	2,697
利益剰余金	17,157	21,003
自己株式	△4	△2,104
株主資本合計	22,694	24,480
その他の包括利益累計額		
その他有価証券評価差額金	3	5
為替換算調整勘定	10	9
退職給付に係る調整累計額	△58	△22
その他の包括利益累計額合計	△44	△8
新株予約権	310	310
非支配株主持分	－	171
純資産合計	22,960	24,954
負債純資産合計	46,196	50,011

【流動比率】

・132億3100万円÷133億3500万円×100＝99.22％

　基本的に流動比率は100％を超えているのが理想です。そうすれば１年以内に返済しなければならない負債を、１年以内に現金化できる資産で返済できることになるからです。この数字が100％を下回っている点は、負債返済能力から見るとでやや心配です。ただし、飲食業は現金商売であるため、キャッシュの回収スピードが速いことから、この程度の水準であれば特段懸念する必要はありません。

　次に「負債総資産比率」を見てみましょう。

・資産合計額 ………… 500億1100万円
・負債合計額 ………… 250億5600万円

【負債総資産比率】

・250億5600万円÷500億1100万円×100＝50.10％

　この数字は50％を下回っていることが大事です。下回っていれば、将来の債務返済リスクは低いと判断できるのですが、50.10％ですから、ちょうどその境界線にあるといったところでしょうか。
　流動負債でちょっと気になるのが「その他」の金額です。ここには注釈があるのでそれを調べてみましょう。
　金額は69億8400万円で、流動負債のうち52.37％も占めています。比率が高いので、正体を突き詰めておいたほうが無難です。有価証券報告書のページをめくっていくと、「契約負債」の金額が記載されています。
　この会社にとっての「契約負債」は、フランチャイズ加盟金の受取額です（次ページ参照）。いわゆる「前受金」に相当するもので、フ

ランチャイズ契約期間にわたって徐々に売上に振り替わる負債です。この点を織り込めば、流動比率の低さは実質問題ないと言えます。

● 【手順3】 貸借対照表の「純資産の部」をチェックする

　純資産については、利益剰余金が210億300万円あります。前期が171億5700万円なので、2023年6月期において38億4600万円の内部留保を積み上げたことになります。

　210億300万円の利益剰余金が適正水準かどうかを判断するために「利益剰余金比率」を計算してみましょう。

・利益剰余金 …………… 210億300万円
・総資本（負債純資産合計）…………… 500億1100万円

【利益剰余金比率】
・210億300万円 ÷ 500億1100万円 × 100 ＝ 42%

　利益剰余金比率は40%を超えていれば一応よしとなるので、合格点と言っていいでしょう。

170

● 【手順4】キャッシュ・フローをチェックする

　最後にキャッシュ・フロー計算書をチェックします。まずハイライト情報（160ページ）の過去5期分の推移を見てみましょう。

　営業活動のキャッシュ・フローは毎期、着実に増加傾向をたどっています。第51期だけは前期の58億300万円から28億2600万円というように大幅減となっていますが、第52期が57億8900万円まで回復しているところからすると、一時的な要因であると考えられます。その後は売上高の増加に伴い、営業活動によるキャッシュ・フローも増加傾向をたどっています。

　ちなみにこの一時的な要因は、税金等調整前当期純利益の大幅下落だと考えられます。

　投資活動によるキャッシュ・フローは毎期、支出超の状態が続いています。次ページのキャッシュ・フロー計算書を見るとわかりますが、**新規出店に伴う建物、機械装置、運搬具、工具、備品などの有形固定資産の取得による支出が大部分を占めています。**今後、出店を加速させるとしたら、支出超の金額は増加傾向をたどるものと思われます。

　財務活動によるキャッシュ・フローは特に傾向があるわけではなく、期によってまちまちです。

　2022年6月期は72億5100万円、2023年6月期は32億2900万円の支出超になっていますが、2022年6月期は短期借入金の返済によって62億円の支払いが生じたことが大きな要因であり、2023年6月期は長期借入金の返済に加え、自己株式取得に伴う支出が大きい部分を占めていることがわかります。

■ 物語コーポレーションのキャッシュ・フロー計算書

④【連結キャッシュ・フロー計算書】

（単位：百万円）

	前連結会計年度 (自 2021年7月1日 至 2022年6月30日)	当連結会計年度 (自 2022年7月1日 至 2023年6月30日)
営業活動によるキャッシュ・フロー		
税金等調整前当期純利益	5,465	6,709
減価償却費	3,142	3,744
減損損失	110	171
貸倒引当金の増減額（△は減少）	0	0
賞与引当金の増減額（△は減少）	17	30
株主優待引当金の増減額（△は減少）	9	13
ポイント引当金の増減額（△は減少）	△13	△1
店舗閉鎖損失引当金の増減額（△は減少）	△51	△3
退職給付に係る負債の増減額（△は減少）	113	123
受取利息及び受取配当金	△15	△15
支払利息	35	25
為替差損益（△は益）	△173	22
違約金収入	－	△73
固定資産除却損	217	242
店舗閉鎖損失	5	63
新型コロナウイルス感染症関連損失	245	－
売上債権の増減額（△は増加）	△749	△898
棚卸資産の増減額（△は増加）	△117	△148
その他の流動資産の増減額（△は増加）	124	△156
仕入債務の増減額（△は減少）	802	605
未払消費税等の増減額（△は減少）	153	676
未払費用の増減額（△は減少）	343	289
その他の負債の増減額（△は減少）	211	228
預り保証金の増減額（△は減少）	17	26
その他	142	143
小計	10,037	11,820
利息及び配当金の受取額	3	3
違約金収入の受取額	－	92
新型コロナウイルス感染症関連損失の支払額	△197	－
利息の支払額	△22	△12
法人税等の支払額	△1,042	△2,208
営業活動によるキャッシュ・フロー	8,778	9,695
投資活動によるキャッシュ・フロー		
定期預金の純増減額（△は増加）	－	△398
有形固定資産の取得による支出	△6,799	△7,104
無形固定資産の取得による支出	△255	△261
投資有価証券の取得による支出	△175	－
差入保証金の差入による支出	△325	△462
差入保証金の回収による収入	158	162
連結の範囲の変更を伴う子会社株式の取得による収入	－	※2 24
その他	13	0
投資活動によるキャッシュ・フロー	△7,383	△8,042
財務活動によるキャッシュ・フロー		
短期借入金の純増減額（△は減少）	△6,200	－
長期借入れによる収入	1,000	1,000
長期借入金の返済による支出	△1,259	△1,274
社債の発行による収入	－	994
社債の償還による支出	－	△1,000
株式の発行による収入	0	－
自己株式の取得による支出	△1	△2,100
配当金の支払額	△785	△847
その他	△5	△2
財務活動によるキャッシュ・フロー	△7,251	△3,229
現金及び現金同等物に係る換算差額	106	△36
現金及び現金同等物の増減額（△は減少）	△5,750	△1,611
現金及び現金同等物の期首残高	14,214	8,464
現金及び現金同等物の期末残高	※1 8,464	※1 6,853

3

株式会社メルカリ（4385）

　メルカリは、CtoC マーケットプレイスの運営会社です。C は「Consumer」、つまり消費者のことですから、「CtoC」とは、間にお店などを介在させることなく、消費者同士で直接モノやサービスの売り買いを行うことを指しています。

　メルカリの主事業は、ネット上で行われるフリーマーケットです。フリマアプリを通じて、売り手が不用品を出品し、買い手は自分の欲しいものを簡単に探すことができ、売り手から直接購入できます。その環境を整えるのがメルカリのビジネスです。

　スマホにインストールしたアプリを用いて、おもちゃや本、バッグ、トレーディングカード、CD や DVD、コミック、洋服、靴などさまざまな品物を売買できる簡便さもあり、大勢の消費者から支持されています。

「日常的に使っているよ」という読者も多いのではないでしょうか。

　また2022年11月からは、「メルカード」という JCB クレジットカードの発行も開始しました。2023年9月時点における同カードの発行枚数は150万枚を突破しています。このカードを用いてメルカリで買い物をすると、購入金額に対して1 ～ 4 ％、メルカリ以外の買い物で利用すると1 ％のポイント還元が受けられます。年会費が永年無料という点も、メリットのひとつです。

　その他、メルペイという QR コード決済、メルカリアプリでお金を借りることができる「メルペイスマートマネー」など、金融・決済ビジネスにも進出しています。

● 【手順1】ハイライト情報で過去の業績を把握する

メルカリは6月決算企業なので、ここでは2023年6月期決算の有価証券報告書を用いて解説していきます。

まず、過去5期分の売上高の傾向を見てみましょう。ちなみに2023年6月期は第11期ですから、同社が設立されてまだ間もないことがわかります。要はベンチャー企業です。**有価証券報告書を見る際にも、まず同社が成長著しいベンチャー企業である点に留意しておく必要があります。**

同社が東証マザーズ（現在のグロースマーケット）に株式を上場したのが2018年6月のことですから、上場して初めての決算は2019年6月の第7期から、ということになります。

過去5期分の売上高の前期比を見ていくと、**第8期＝47.58％、第9期＝39.12％、第10期＝38.58％、第11期＝17.01％**、となっています。

第10期くらいまでは、設立から間もないベンチャー企業らしい売上の伸びを見せていますが、第11期の17.01％は、これまでの高成長に陰りが出たのではないか、と懸念されるような数字です。

成長著しいベンチャー企業であれば、できれば20％超の成長は見せてほしいところですが、第8期、第9期、第10期がコロナ禍の時期を含んでいたという特殊要因は、あったのかもしれません。

この時期、外出制限や在宅勤務の要請で自宅の片づけをした人は少なくなかったでしょう。その際に出てきた不用品をメルカリに出品した人が数多くいたという話を聞きます。その特殊要因が剥落した結果、第11期の売上の伸び率が鈍化したのではないか、といった想像を働かせてみるのも面白いかもしれません。

注目したいのは、ようやく利益が出てきたという点でしょうか。

■ メルカリの有価証券報告書「ハイライト情報」

（1）連結経営指標等

回次		第 7 期	第 8 期	第 9 期	第10期	第11期
決算年月		2019年 6 月	2020年 6 月	2021年 6 月	2022年 6 月	2023年 6 月
売上高	（百万円）	51,683	76,275	106,115	147,049	172,064
経常利益又は経常損失（△）	（百万円）	△12,171	△19,391	4,975	△3,896	17,449
親会社株主に帰属する当期純利益又は親会社株主に帰属する当期純損失（△）	（百万円）	△13,764	△22,772	5,720	△7,569	13,070
包括利益	（百万円）	△14,098	△18,981	1,699	△6,331	13,823
純資産額	（百万円）	50,936	35,368	40,013	37,998	55,228
総資産額	（百万円）	163,685	198,014	262,529	339,862	415,292
1 株当たり純資産額	（円）	337.88	222.78	247.52	228.57	329.80
1 株当たり当期純利益又は当期純損失（△）	（円）	△94.98	△147.86	36.43	△47.34	81.01
潜在株式調整後 1 株当たり当期純利益	（円）	－	－	35.15	－	77.36
自己資本比率	（％）	31.1	17.6	14.9	10.8	12.9
自己資本利益率	（％）	－	－	15.5	－	28.9
株価収益率	（倍）	－	－	161.95	－	41.46
営業活動によるキャッシュ・フロー	（百万円）	△7,289	12,533	3,367	△26,217	△36,883
投資活動によるキャッシュ・フロー	（百万円）	△2,805	△2,653	6,907	△671	△632
財務活動によるキャッシュ・フロー	（百万円）	32,200	465	19,773	62,065	26,839
現金及び現金同等物の期末残高	（百万円）	130,774	141,008	171,463	211,406	202,047
従業員数（外、平均臨時雇用者数）	（人）	1,826 (221)	1,792 (402)	1,752 (286)	2,209 (467)	2,101 (453)

（注） 1．潜在株式調整後 1 株当たり当期純利益については、第 7 期、第 8 期及び第10期において潜在株式は存在するものの、1 株当たり当期純損失であるため、記載しておりません。

2．第 7 期、第 8 期及び第10期の自己資本利益率については、親会社株主に帰属する当期純損失であるため記載しておりません。

3．株価収益率については、第 7 期、第 8 期及び第10期は親会社株主に帰属する当期純損失であるため記載しておりません。

4．従業員数は就業人員であり、臨時雇用者数は年間の平均人員を（ ）外数で記載しております。

5．「収益認識に関する会計基準」（企業会計基準第29号 2020年 3 月31日）等を第10期の期首から適用しており、第10期以降に係る主要な経営指標等については、当該会計基準等を適用した後の指標等となっております。

有価証券報告書を遡って経常損益を見ると、上場前の第4期は▲9700万円、第5期が▲27億7900万円、第6期が▲47億4100万円、上場した第7期が▲121億7100万円、第8期が▲193億9100万円、というように経常損失が続いていましたが、第9期で49億7500万円の経常利益が生じています。

　第10期は38億9600万円の経常損失ですが、第11期は174億4900万円の経常利益となりました。設立から間もないベンチャー企業の多くは当初、単年度赤字決算が続きますが、どこかの段階で黒字に転換し、そこから大きく成長していきます。この先の決算を見ていかないと、まだなんとも言えませんが、徐々にメルカリもテイクオフの段階に差し掛かっているのかもしれません。

● 【手順2】沿革で会社の歴史を知る

　そもそも上場してから約6年、会社が設立されてからでも11年しか経っていない新興企業なので、沿革から何を読み取ればいいのか、と思われる人もいらっしゃるでしょうが、実はこの項目に目を通すことで見えてくるものがあります。

　たとえば、2016年3月にスタートしたクラシファイドアプリ「メルカリ アッテ」が2018年5月に提供終了。

　2016年4月に設立した英国子会社 Merpay Ltd. を2019年6月に清算手続き開始。

　2017年3月から英国子会社 Mercari Europe Ltd. が提供を開始した「Mercari」を2019年3月で提供終了。

　2017年8月に提供開始した「メルカリ メゾンズ」を2018年8月に提供終了。

　2018年4月から提供を開始したスキルシェアサービス「teacha」を2018年8月に提供終了。

■ メルカリの有価証券報告書「沿革」(一部)

2 【沿革】

年月	概要
2013年2月	東京都港区六本木において、資本金20百万円で株式会社コウゾウを設立
2013年7月	CtoCマーケットプレイス「メルカリ」の提供を開始
2013年11月	社名を株式会社メルカリに変更
2014年1月	米国子会社Mercari, Inc.を設立
2014年9月	米国でCtoCマーケットプレイス「Mercari」の提供を開始
2014年10月	CtoCマーケットプレイス「メルカリ」において商品代金に応じた手数料の徴収を開始
2015年9月	国内子会社株式会社ソウゾウ（旧）を設立（2019年7月、解散決議により清算手続きを開始。同年11月に清算結了）
2015年11月	英国子会社Mercari Europe Ltd.を設立
2016年1月	「メルカリ」において匿名配送サービスを開始
2016年3月	クラシファイドアプリ「メルカリ アッテ」の提供を開始（2018年5月提供終了）
2016年4月	英国子会社Merpay Ltd.を設立（2019年6月、解散決議により清算手続きを開始。2019年7月に全株式を譲渡し、2022年4月清算結了）
2016年10月	CtoCマーケットプレイス「Mercari」（US）において商品代金に応じた手数料の徴収を開始
2017年2月	ザワット株式会社を100%子会社化（2017年5月、当社を存続会社とする吸収合併により消滅）
2017年3月	英国子会社Mercari Europe Ltd.がCtoCマーケットプレイス「Mercari」の提供を開始（2019年3月提供終了）
2017年5月	本・CD・DVD等に特化したCtoCマーケットプレイス「メルカリ カウル」の提供を開始（2018年12月「メルカリ」に機能移行し、提供終了）
2017年7月	ライブ動画配信機能「メルカリチャンネル」の提供を開始（2019年7月提供終了）
2017年8月	ブランド品に特化したCtoCマーケットプレイス「メルカリ メゾンズ」の提供を開始（2018年8月に「メルカリ」に機能移行し、提供終了）
2017年11月	国内子会社株式会社メルペイを設立
	即時買取サービス「メルカリNOW」の提供を開始（2018年8月提供終了）
2018年2月	福岡県福岡市にてシェアサイクルサービス「メルチャリ」の提供を開始（2019年6月neuet株式会社に事業承継）
2018年4月	スキルシェアサービス「teacha」の提供を開始（2018年8月提供終了）
2018年6月	東京証券取引所マザーズに株式を上場
2018年7月	国内子会社株式会社メルペイコネクトを設立（2019年6月株式会社メルペイに吸収合併）
2018年11月	マイケル株式会社を100%子会社化（2020年6月全株式を譲渡）
2019年2月	国内子会社株式会社メルペイがスマホ決済サービス「メルペイ」の提供を開始
2019年8月	株式会社鹿島アントラーズ・エフ・シーの株式を取得し子会社化
2019年9月	「メルカリ」の使い方が学べる「メルカリ教室」の提供を開始
2020年2月	国内子会社株式会社メルペイが株式会社Origamiの株式を取得し孫会社化（2021年3月、解散決議により清算手続きを開始。同年6月に清算結了）
	株式会社ＮＴＴドコモとの業務提携を開始
2020年7月	スマホ決済サービス「メルペイ」でスマート払い（定額払い）の提供を開始
2020年10月	「Mercari」（US）において決済手数料の徴収を開始
2021年1月	国内子会社株式会社ソウゾウ（新）を設立
2021年3月	スマホ決済サービス「メルペイ」がオンライン加盟店で利用できる「バーチャルカード」の提供を開始
2021年4月	国内子会社株式会社メルコインを設立
2021年7月	国内子会社株式会社メルコインが株式会社Bassetの株式を取得し孫会社化（2023年6月、国内子会社株式会社メルコインを存続会社とする吸収合併により消滅）
2021年9月	「Mercari」（US）が「後払い決済サービス」の提供を開始
2021年10月	国内子会社株式会社ソウゾウが「メルカリ」にネットショップを開設できる「メルカリShops」の提供を開始
	国内子会社株式会社メルロジを設立（2023年1月、当社を存続会社とする吸収合併により消滅）
2021年12月	上級執行役員会の諮問機関として「ESG委員会」を設立
2022年5月	「メルカリ物価・数量指数」の提供を開始

このように、メルカリは新しく立ち上げたサービスでも、見通しが立たなければ即、提供を終了させています。ここから、メルカリの経営判断のスピードの速さがうかがえます。

● 【手順3】収益構造を把握する

次に、稼ぐ力を見ていきましょう。利益率を計算してみます。

といっても第7期と第8期は赤字なので、利益率を計算することはできません。第10期も同様です。ですから、黒字の出ている第9期と第11期で稼ぐ力を見てみたいと思います。

第9期＝4.69%　第11期＝10.14%。利益率といっても、ようやくビジネスがテイクオフした段階ですから、正直なところ、これだけではあまり判断材料にはなりません。

では、損益計算書からは何が読み取れるでしょうか。

第11期の損益計算書から売上高、売上原価、販売管理費などを拾うと、次のようになります。

・売上高 …………… 1720億6400万円
・売上原価 …………… 576億3900万円
・販売管理費 …………… 974億100万円
・営業外収益 …………… 7億1600万円
・営業外費用 …………… 2億9000万円

売上原価率を計算すると33.50％です。営業外収益と営業外費用は、売上高から見ればごくわずかな数字なので、ここでは特に気にする必要はありません。

販売管理費が売上高に占める割合は56.61％。結構高い数字になりますが、何が影響しているのでしょうか。これについては注釈が設けられているので、それを見ることにしましょう。ここでは販売管理費の内訳が以下のように記載されています。

■ メルカリの損益計算書

【連結損益計算書】

(単位：百万円)

	前連結会計年度 （自　2021年7月1日 至　2022年6月30日）	当連結会計年度 （自　2022年7月1日 至　2023年6月30日）
売上高	※1 147,049	※1 172,064
売上原価	51,905	57,639
売上総利益	95,143	114,425
販売費及び一般管理費	※2,※3 98,859	※2,※3 97,401
営業利益又は営業損失（△）	△3,715	17,023
営業外収益		
受取利息	50	501
還付消費税等	28	34
助成金収入	4	—
補助金収入	—	139
その他	26	41
営業外収益合計	110	716
営業外費用		
支払利息	129	182
為替差損	149	79
社債発行費	11	—
その他	0	28
営業外費用合計	290	290
経常利益又は経常損失（△）	△3,896	17,449
特別利益		
投資有価証券売却益	15	—
投資有価証券清算益	16	—
新株予約権戻入益	1	2
特別利益合計	32	2
特別損失		
固定資産除却損	51	50
投資有価証券評価損	82	325
リース解約損	—	※4 519
解約違約金	—	※5 114
その他	—	53
特別損失合計	133	1,063
税金等調整前当期純利益又は税金等調整前当期純損失（△）	△3,997	16,389
法人税、住民税及び事業税	4,718	7,944
法人税等調整額	△1,075	△4,470
法人税等合計	3,642	3,474
当期純利益又は当期純損失（△）	△7,640	12,914
非支配株主に帰属する当期純損失（△）	△70	△155
親会社株主に帰属する当期純利益又は親会社株主に帰属する当期純損失（△）	△7,569	13,070

- 給料及び手当 …………… 122億9800万円
- 支払手数料 …………… 231億8400万円
- 広告宣伝費 …………… 320億2300万円
- 貸倒引当金繰入額 …………… 57億4500万円
- 賞与引当金繰入額 …………… 10億9600万円
- ポイント引当金繰入額 …………… 10億3600万円
- 株式報酬引当金繰入額 …………… １億3500万円
- 退職給付費用 …………… ２億円

　給料及び手当が多いのは当然のこととして、**目立つのが広告宣伝費と支払手数料です。**広告宣伝費については、Fintech との共同キャンペーン等への投資が増加したということですが、売上高に占める比率は前年度比で低下しています。

　これは、決算説明会資料に記載されているのですが、2023年６月期における広告宣伝費の売上高に対する比率は、次のようになります。ちなみにカッコ内の数字は、前期（2022年６月期）の数字です。

- 第１四半期 …………… 16%（25%）
- 第２四半期 …………… 20%（34%）
- 第３四半期 …………… 15%（27%）
- 第４四半期 …………… 17%（16%）

　第10期に比べ、第11期の広告宣伝費の売上高に占める比率は、第４四半期を除けば低下しています。

　また支払手数料については、Fintech 部門との内部取引（決済業務委託に関わる手数料）に関連した支払手数料を差し引いて計算される調整後営業利益率で見ると、44%に達しており、前年比13%の伸び率となっています。

　前述した、経常利益をベースにして計算した利益率はけっして高く

はありませんが、調整後営業利益率といって、恒常的に活動しているビジネスからどの程度の利益率があるのかを測る指標によると、メルカリの利益率は、実は案外高いのではないかと考えられます。

● 【手順4】どの事業が稼ぎ頭なのかをチェックする

　次に、セグメント情報を見てみましょう。メルカリの報告セグメントは日本国内におけるフリマアプリ「メルカリ」を中核とした「Japan Region」と、アメリカにおけるフリマアプリ「Mercari」を運営する「US」の2つです。

　なお、「Japan Region」は、フリマアプリ運営の「Market Place」部門と、決済金融関連の「Fintech」部門に分かれています。

　各セグメントの売上高は、「Japan Region」が997億5600万円（Market Place：853億2200万円／Fintech：144億3400万円）、「US」が、416億1100万円となっています。

ステップ❷　会社の安全性・健全性を見抜く

● 【手順1】ハイライト情報から「自己資本比率」を把握する

　続いて、安全性・健全性を見ていきましょう。

　まず自己資本比率ですが、正直なところかなり低めです。上場した当初、第6期のそれは46.2％もあったのですが、年々低下傾向をたどっており、第11期は12.9％です。あくまでも推測ですが、メルカリはまだ発展途上段階にある企業で、借金をして積極投資する段階にあると考えられます。そのため、どうしても自己資本比率が低めに出てしまうというきらいはあるでしょう。

● 【手順2】貸借対照表の「資産の部」「負債の部」をチェックする

　続いて、貸借対照表を見てみましょう。

■ メルカリの貸借対照表

① 【連結貸借対照表】

(単位：百万円)

	前連結会計年度 （2022年6月30日）	当連結会計年度 （2023年6月30日）
資産の部		
流動資産		
現金及び預金	211,406	196,271
売掛金	4,454	6,374
有価証券	—	5,775
未収入金	※2 80,287	※2 115,714
前払費用	2,805	2,261
預け金	7,093	2,708
その他	2,156	16,994
貸倒引当金	△4,807	△5,455
流動資産合計	303,396	340,644
固定資産		
有形固定資産	※1 3,462	※1 2,781
無形固定資産	666	584
投資その他の資産		
投資有価証券	117	78
敷金	1,614	1,407
繰延税金資産	3,417	7,802
差入保証金	26,774	61,608
その他	413	385
投資その他の資産合計	32,337	71,282
固定資産合計	36,466	74,648
資産合計	339,862	415,292

（単位：百万円）

	前連結会計年度 （2022年6月30日）	当連結会計年度 （2023年6月30日）
負債の部		
流動負債		
短期借入金	※2 54,254	※2 55,121
1年内返済予定の長期借入金	1,348	16,713
未払金	18,217	19,509
未払費用	1,915	1,485
未払法人税等	1,525	6,627
預り金	139,094	163,402
賞与引当金	1,389	1,914
ポイント引当金	359	1,036
株式報酬引当金	91	209
その他	※3 6,525	※3 7,588
流動負債合計	224,722	273,608
固定負債		
転換社債型新株予約権付社債	50,000	50,000
長期借入金	25,749	※2 35,696
退職給付に係る負債	75	42
資産除去債務	126	126
繰延税金負債	162	138
その他	1,028	451
固定負債合計	77,141	86,454
負債合計	301,864	360,063
純資産の部		
株主資本		
資本金	44,628	46,052
資本剰余金	44,582	46,005
利益剰余金	△53,757	△40,687
自己株式	△0	△0
株主資本合計	35,453	51,370
その他の包括利益累計額		
その他有価証券評価差額金	－	△0
繰延ヘッジ損益	－	159
為替換算調整勘定	1,303	2,051
その他の包括利益累計額合計	1,303	2,211
新株予約権	926	1,092
非支配株主持分	314	554
純資産合計	37,998	55,228
負債純資産合計	339,862	415,292

・資産 ………… 4152億9200万円

・負債 ………… 3600億6300万円

・純資産 ………… 552億2800万円

　負債を純資産で割って求められる「負債比率」を計算してみます。

【負債比率】

・3600億6300万円÷552億2800万円×100＝651.96%

　負債比率が高いということは、財務レバレッジ（銀行からの借入や社債の発行などをレバレッジ〈梃子〉として活用し、自己資本の何倍の総資産を調達できているかを示す指標）が効いている反面、安全性の面からはやや問題ありということになります。とはいえ、財務レバレッジが高ければ、それだけROE（自己資本利益率）も高くなる傾向が見られます。実際、第11期のROEは28.9%にもなっています。

　次に、資産と負債の両方について、流動と固定の割合を見てみましょう。

【資産】

・流動資産 ………… 3406億4400万円

・固定資産 ………… 746億4800万円

【負債】

・流動負債 ………… 2736億800万円

・固定負債 ………… 864億5400万円

　流動資産が固定資産の4.5倍以上ありますが、負債については、流動負債が固定負債を大きく上回っている点が気になります。

　流動資産を流動負債で割って求められる「流動比率」は、

【流動比率】

・3406億4400万円÷2736億800万円×100＝124.50％

となります。100％を超えていれば合格点と言われる流動比率が124.50％ですから、１年以内に返済しなければならない借金も、１年以内に換金できる流動資産でカバーできます。流動負債の額は大きいものの、流動資産も大きいので、この点において返済リスクは、多少抑制されていると考えてもよさそうです。

　次に、負債総資産比率を見てみましょう。

・資産合計額 ……………… 4152億9200万円
・負債合計額 …………… 3600億6300万円

【負債総資産比率】

・3600億6300万円÷4152億9200万円×100＝86.70％

　いささか高いように思われます。**この数字は、できれば50％以下にしておきたいところですが、3600億6300万円ある負債総額のなかで最も大きな額が何かというと、1634億200万円の「預り金」です。**
　前述の通り、メルカリのビジネスモデルは、出品者と購入者をマッチングさせ、その取引が成立した際に決済手数料を受け取るというものです。この場合、出品者から商品を購入した人は、その購入代金をメルカリに預託します。そして、出品者から購入者に無事、商品などが届けられた時点で、その預託金が出品者に振り込まれます。これが預り金です。
　つまり預り金は負債項目に含まれているものの、メルカリ自身の借

入金ではありませんし、金融機関に対して返済義務もなければ、支払い金利もありません。つまり負債でありながら、一般的な負債とは性質がまるで異なるのです。**それが負債総額の45％も占めているのですから、負債総額の大きさを見て、信用リスクが高いと判断するのは間違いです。**

- 【手順3】**貸借対照表の「純資産の部」をチェックする**

　純資産の部については、利益剰余金がマイナスです。過去、赤字決算が続いてきたのですから、これは致し方ありません。本来なら、「債務超過リスクが高まっている」という解釈も成り立ちますが、メルカリの場合は新興企業であり、売上高も伸びている成長企業ですから、「たとえ赤字になっても投資を増やしてマーケットを取りに行っている」という解釈も成り立つわけです。

- 【手順4】**キャッシュ・フローをチェックする**

　最後にキャッシュ・フロー計算書を見てみましょう。

　第11期は営業キャッシュ・フローが368億8300万円の支出超、投資キャッシュ・フローが6億3200万円の支出超、財務キャッシュ・フローが268億3900万円の収入超となっています。

　まず気になるのが、損益計算書上、黒字に転換しているにも関わらず、営業キャッシュ・フローがマイナスになっている点です。その理由は2つあります。

　ひとつめが、未収入金の増加です。これは「メルペイスマート払い（翌月払い・定額払い）」の利用増加に伴い、購入者からの代金回収のタイミングが後ろ倒しになっていることに起因しています。

　2つめが、差入保証金の増加です。前述の通り、メルカリはユーザーから購入代金を一時的に預かっていますが、資金決済に関する法律に基づく発行保証金として、その一部を法務局へ供託しなければな

■ メルカリのキャッシュ・フロー計算書

④【連結キャッシュ・フロー計算書】

（単位：百万円）

	前連結会計年度 （自　2021年7月1日 至　2022年6月30日）	当連結会計年度 （自　2022年7月1日 至　2023年6月30日）
営業活動によるキャッシュ・フロー		
税金等調整前当期純利益又は税金等調整前当期純損失（△）	△3,997	16,389
減価償却費及びその他の償却費	818	933
固定資産除却損	51	50
投資有価証券売却損益（△は益）	△15	—
投資有価証券評価損益（△は益）	82	325
投資有価証券清算損益（△は益）	△16	—
社債発行費	11	
貸倒引当金の増減額（△は減少）	2,391	648
ポイント引当金の増減額（△は減少）	△442	677
賞与引当金の増減額（△は減少）	△294	524
株式報酬引当金の増減額（△は減少）	△60	117
受取利息	△50	△501
支払利息	129	182
売上債権の増減額（△は増加）	△2,019	△1,913
未収入金の増減額（△は増加）	△33,133	△35,381
未払金の増減額（△は減少）	343	1,234
預け金の増減額（△は増加）	△720	4,436
預り金の増減額（△は減少）	19,934	23,608
その他	156	△10,897
小計	△16,832	435
利息の受取額	50	500
利息の支払額	△129	△183
差入保証金の増減額（△は増加）	△0	△34,831
法人税等の支払額	△9,339	△2,978
その他	33	173
営業活動によるキャッシュ・フロー	△26,217	△36,883
投資活動によるキャッシュ・フロー		
投資有価証券の取得による支出	—	△286
投資有価証券の売却による収入	15	0
有形固定資産の取得による支出	△669	△471
敷金の回収による収入	2	177
連結の範囲の変更を伴う子会社株式の取得による支出	△18	—
その他	△1	△51
投資活動によるキャッシュ・フロー	△671	△632
財務活動によるキャッシュ・フロー		
短期借入金の純増減額（△は減少）	34,652	867
長期借入れによる収入	1,000	25,660
長期借入金の返済による支出	△25,449	△348
社債の発行による収入	49,876	—
株式の発行による収入	2,090	832
その他	△103	△171
財務活動によるキャッシュ・フロー	62,065	26,839
現金及び現金同等物に係る換算差額	4,767	1,317
現金及び現金同等物の増減額（△は減少）	39,942	△9,359
現金及び現金同等物の期首残高	171,463	211,406
現金及び現金同等物の期末残高	※1 211,406	※1 202,047

りません。流通取引総額が増えているため、供託する金額が増えているものと考えられます。

　投資キャッシュ・フローは、そもそも設備投資がほとんど必要ないビジネスであるため、金額は少額となっています。

　財務キャッシュ・フローについては、本業で得られるキャッシュが十分にないことから、銀行借入など外部からの資金調達で賄わなければならないという、メルカリの苦しい台所事情が現れています。

4
フリー株式会社（4478）

　フリーは、主に中小企業を対象に、クラウド型の会計ソフトや人事労務ソフトを開発・提供している会社です。

　会計ソフトには請求書、経費精算、決算書、予実管理、ワークフロー、内部統制などの機能を、そして人事労務ソフトには勤怠管理、入退社管理、給与計算、年末調整、マイナンバー管理などの機能を持たせています。企業のバックオフィス業務を、これらのソフトによって統合させ、自動化を進めることによって、業務全体の効率化をはかるのが狙いです。

　これからの日本は人口減少が進むため、特に中小企業はバックオフィス部門の人手不足に悩まされる環境になっていくと考えられます。それだけに、この手のソフトでバックオフィス業務の自動化を進める価値はたしかにあります。

　日本企業の会計ソフトウェア利用率は、中小企業で54.1％、個人事業主で36.5％なので、開拓の余地は十分にあります。これまで人の手を介して行われてきたバックオフィス業務を、この手のクラウドソフトで一元管理できるようになれば、業務の効率化が一段と高まります。それだけに成長市場とも言えるでしょう。

　詳しくは後述しますが、フリーは現時点で単年度黒字化を果たせておらず、赤字が続いています。**これは、成長企業によく見られるもので、市場を獲得するための先行投資に多額の資金が投入されています。成長真っ只中の新興企業という視点で、有価証券報告書を読み込んでいく必要があります。**

● 【手順1】 ハイライト情報で過去の業績を把握する

　2023年6月は、同社にとって第11期決算になります。まず、ハイライト情報で過去5期分の売上高推移を見て、成長率を計算してみましょう。

　前期比は次のようになります。

　第8期＝52.65％、第9期＝48.77％、第10期＝40.19％、第11期＝33.65％。

　安定的に高い伸び率を見せています。売上高が増えることによって、徐々に売上高成長率の数字が鈍化していくのはやむを得ませんが、それでも第11期で33.65％の成長率を維持できていることからも、この分野の成長性が感じられます。

● 【手順2】 沿革で会社の歴史を知る

　CFO株式会社として立ち上がったのが2012年7月ですから、社歴は約11年半です。フリーと似たようなビジネスモデルを持つ企業に「マネーフォワード」がありますが、192〜193ページの会社の沿革を比較すると、両社は似て非なるものであるのがわかります。

　マネーフォワードは、どちらかというと個人向け「家計簿」アプリを中心にして、そこから企業会計クラウドサービスに展開しています。それに対し、フリーは「クラウド会計ソフト freee」からサービスをスタートさせているように、基本的には個人事業主、中小企業などのスモールビジネス向けサービスの提供を中心にしています。

　連結子会社8社を含めて9社からグループが構成されていますが、すべてプラットフォーム事業であることから、単一セグメントに近い形態となっています。

■ フリーの有価証券報告書「ハイライト情報」

1 【主要な経営指標等の推移】

（1）連結経営指標等

回次		第7期	第8期	第9期	第10期	第11期
決算年月		2019年6月	2020年6月	2021年6月	2022年6月	2023年6月
売上高	（千円）	4,516,950	6,895,240	10,258,082	14,380,373	19,219,994
経常損失(△)	（千円）	△2,850,936	△2,938,129	△2,719,141	△3,085,882	△7,982,411
親会社株主に帰属する当期純損失(△)	（千円）	△2,778,440	△2,972,985	△2,756,177	△11,609,024	△12,338,435
包括利益	（千円）	△2,778,440	△2,972,985	△2,758,262	△11,598,196	△12,197,227
純資産額	（千円）	4,510,056	13,854,571	46,871,624	36,428,622	27,059,061
総資産額	（千円）	7,380,958	17,898,314	55,286,315	47,413,069	42,786,885
1株当たり純資産額	（円）	△287.97	278.29	849.99	636.68	444.66
1株当たり当期純損失(△)	（円）	△68.27	△66.18	△54.88	△208.22	△215.64
潜在株式調整後1株当たり当期純利益	（円）	—	—	—	—	—
自己資本比率	（％）	56.8	75.1	84.2	76.1	60.1
自己資本利益率	（％）	—	—	—	—	—
株価収益率	（倍）	—	—	—	—	—
営業活動によるキャッシュ・フロー	（千円）	△1,726,271	△1,380,383	△192,533	△1,069,658	△4,753,626
投資活動によるキャッシュ・フロー	（千円）	△539,000	△1,306,560	△3,180,839	△4,483,968	△1,935,418
財務活動によるキャッシュ・フロー	（千円）	6,484,028	11,970,462	35,380,307	451,989	543,864
現金及び現金同等物の期末残高	（千円）	5,852,912	15,136,430	47,143,365	42,046,956	35,905,852
従業員数〔外、平均臨時雇用者数〕	（名）	388〔108〕	481〔117〕	656〔139〕	916〔158〕	1,299〔190〕

（注）1．第7期の1株当たり純資産額については、優先株主に対する残余財産の分配額を控除して算定しております。
2．第7期の潜在株式調整後1株当たり当期純利益については、潜在株式は存在するものの、当社株式は非上場であり、期中平均株価が把握できないため、また、1株当たり当期純損失であるため、記載しておりません。また、第8期より潜在株式調整後1株当たり当期純利益については、潜在株式は存在するものの、1株当たり当期純損失であるため、記載しておりません。
3．自己資本利益率については親会社株主に帰属する当期純損失が計上されているため、記載しておりません。
4．第7期の株価収益率については当社株式が非上場であるため、記載しておりません。また、第8期、第9期、第10期及び第11期の株価収益率については1株当たり当期純損失であるため、記載しておりません。
5．従業員数は就業人員であり、臨時雇用者数は年間の平均人員を〔　〕内に外数で記載しております。
6．2019年8月26日開催の取締役会決議により、2019年9月25日付で普通株式1株につき3株の割合で株式分割を行いましたが、第7期の期首に当該株式分割が行われたと仮定し、1株当たり当期純損失を算定しております。
7．「収益認識に関する会計基準」（企業会計基準第29号　2020年3月31日）等を第10期の期首から適用しており、第10期以降に係る主要な経営指標等については、当該会計基準等を適用した後の指標等となっております。

■ フリーの有価証券報告書「沿革」

2 【沿革】

年月	概要
2012年7月	東京都港区にCFO株式会社（現・フリー株式会社）を資本金100万円で設立
2013年3月	「クラウド会計ソフトfreee（現・freee会計）」をリリース
2013年7月	商号をCFO株式会社からフリー株式会社に変更
2014年2月	「クラウド会計ソフトfreee iOS版（現・freee会計iOS版）」をリリース
2014年4月	「クラウド会計ソフトfreee Android版（現・freee会計Android版）」をリリース
2014年10月	「クラウド給与計算ソフトfreee（現・freee人事労務）」をリリース
2015年5月	e-gov API（注）を利用した日本初の労働保険申告機能をリリース
2015年6月	「会社設立freee（現・freee会社設立）」をリリース
2015年9月	「マイナンバー管理freee(現・freeeマイナンバー管理)」をリリース
2015年12月	金融機関向けプロダクトをリリース
2016年6月	AI研究に特化したスモールビジネスAIラボを創設
2016年10月	「開業freee（現・freee開業）」をリリース
2016年10月	株式会社みずほ銀行とAPI連携（メガバンクとのAPI連携は国内初）
2016年10月	「申告freee（現・freee申告）」をリリース
2017年3月	「クラウド会計ソフトfreee（現・freee会計）」において、上場会社（金融商品取引法監査）にも対応したエンタープライズプランをリリース
2017年7月	事業用クレジットカード「freeeカード」を開発
2017年8月	「クラウド給与計算ソフトfreee」をリブランドし、「人事労務freee（現・freee人事労務）」をリリース
2018年10月	子会社フリーファイナンスラボ株式会社を設立
2019年1月	アプリケーションプラットフォーム「freeeアプリストア」をリリース
2019年12月	東京証券取引所マザーズ（現・グロース市場）に上場
2020年4月	「プロジェクト管理freee（現・freee工数管理）」をリリース
2020年12月	「freeeスマート受発注（現・freee受発注）」をリリース
2021年4月	NINJA SIGN（現・freeeサイン）を提供する株式会社サイトビジット（現・フリーサイン株式会社）を子会社化
2021年7月	Likha-iT Inc.を完全子会社化
2021年11月	「freee勤怠管理Plus」をリリース
2021年12月	「freee経費精算」をリリース
2022年1月	「freeeカード Unlimited」をリリース
2022年6月	Mikatus株式会社を完全子会社化
2022年9月	Mikatus株式会社を吸収合併、「freee登記」をリリース
2022年10月	「freee許認可」をリリース
2022年11月	「freee販売」をリリース
2022年12月	「freee請求書」をリリース
2023年1月	sweeep株式会社を完全子会社化
2023年6月	Why株式会社を完全子会社化
2023年7月	Why株式会社を吸収合併

（注）API： Application Programming Interfaceの略称。ソフトウェアの一部を公開することで、他のソフトウェアと機能の共有を可能にするインターフェースを指す

■ マネーフォワードの有価証券報告書「沿革」(一部)

2【沿革】

年月	事項
2012年5月	東京都新宿区高田馬場においてマネーブック株式会社設立
2012年12月	株式会社マネーフォワードに商号変更
	お金の見える化サービス『マネーフォワード』(現『マネーフォワード ME』)リリース
2013年11月	『マネーフォワード For BUSINESS』(現『マネーフォワード クラウド会計・確定申告』)リリース
2013年12月	お金のウェブメディア『マネトク』(現くらしの経済メディア『MONEY PLUS』)リリース
2014年5月	『MFクラウド請求書』(現『マネーフォワード クラウド請求書』)リリース
2015年3月	『MFクラウド給与』(現『マネーフォワード クラウド給与』)リリース
2015年8月	『MFクラウドマイナンバー』(現『マネーフォワード クラウドマイナンバー』)リリース
2015年11月	金融機関利用者向け『マネーフォワード』(現『マネーフォワードfor◯◯』)リリース
2016年1月	『MFクラウド経費』(現『マネーフォワード クラウド経費』)リリース
2017年6月	MF KESSAI株式会社(現マネーフォワードケッサイ株式会社)が『MF KESSAI』(現『マネーフォワード ケッサイ』)をリリース
2017年9月	東京証券取引所マザーズ市場に株式を上場
2017年11月	株式会社クラビス(現・連結子会社)の発行済株式を100%取得し子会社化
2018年7月	株式会社ナレッジラボ(現・連結子会社)の発行済株式を51.4%取得し子会社化
	東京都港区芝浦に本社移転
2018年8月	100%子会社として、MONEY FORWARD VIETNAM CO., LTD(現・連結子会社)を設立
	『MFクラウドの自分で会社設立』(現『マネーフォワード 会社設立』)リリース
2018年12月	海外募集による新株式発行を実施
2019年3月	『マネーフォワード クラウド勤怠』リリース
	データを利活用することで、お金に対する不安や課題を解決するMoney Forward Lab設立
2019年5月	『マネーフォワード クラウド』の新プランをリリース
2019年9月	100%子会社として、マネーフォワードシンカ株式会社(現・連結子会社)を設立
2019年11月	スマートキャンプ株式会社(現・連結子会社)の発行済株式を72.3%取得し子会社化
2020年2月	『マネーフォワード お金の相談』リリース
	『マネーフォワード クラウド会計Plus』リリース
	海外募集による新株式発行を実施
2020年3月	『マネーフォワード クラウド社会保険』リリース
2020年7月	マネーフォワードベンチャーパートナーズ株式会社(現・連結子会社)がアントレプレナーファンド「HIRAC FUND」の運用を開始
2020年8月	株式会社アール・アンド・エー・シー(現・連結子会社)の発行済株式を65.43%追加取得し子会社化
2020年10月	中堅企業向け『マネーフォワード クラウドERP』を発表
2020年11月	『マネーフォワード ME』と『マネーフォワード クラウド確定申告』が連携開始
2020年12月	『マネーフォワード 開業届』リリース
2021年1月	『マネーフォワード クラウド債務支払』リリース
2021年3月	『マネーフォワード Fintechプラットフォーム』リリース
2021年4月	スマートキャンプ株式会社の100%子会社として、ADXL株式会社を設立
2021年5月	『マネーフォワード クラウド契約』リリース
2021年6月	東京証券取引所市場第一部へ市場変更
	『マネーフォワード クラウド債権請求』(現『マネーフォワード クラウド請求書Plus』)リリース
	『マネーフォワード クラウド固定資産』リリース
	「#インボイスフォワード」プロジェクトを開始
2021年7月	『マネーフォワード クラウド人事管理』リリース
	『マネーフォワード クラウド年末調整』リリース

●【手順3】収益構造を把握する

　フリーは、中小企業向けに順調にマーケットを拡大しているようですが、売上高が大きく伸びているのにも関わらず、経常損益は赤字が続いています。

　特に第11期は、経常損失が79億8241万1000円と、過去５期のなかで最も大きくなりました。このように損失が大きく増えたときには、その原因を把握しておいたほうがいいでしょう。

　損益計算書を見ると、第11期の経常損益が79億8241万1000円の赤字ですが、数字を見る目を上にずらしていくと、営業損失が79億1941万9000円であることがわかります。**つまり損失のかなりの部分が、売上高から各種費用を差し引いて、営業損益を算出する過程で生じていることになります。**

　その費用とは何か、なのですが、売上高から売上原価を差し引いた売上総利益（粗利）が160億6646万8000円あるにも関わらず、そこから差し引かれる販売管理費が239億8588万7000円もあることがおわかりになると思います。

　では、第10期の販売管理費はいくらだったのでしょうか。左側にある数字を見ると、145億8222万3000円とあります。**つまり、この１年間で販売管理費が64.49％も増えていることがわかります。**

　では、どうしてこんなに販売管理費が大きく増えたのでしょうか。その理由を調べる必要があります。注記事項の印が付いているので、そのページを見てみましょう。販売管理費の主な費目が記載されています。そのなかでもとりわけ大きな金額が計上されている費目と、その前期比を計算すると、

・研究開発費 …………… 68億6466万7000円（89.71％増）

・給料及び手当 …………… 41億2770万5000円（37.97％増）

・広告宣伝費 …………… 54億2802万5000円（92.03％増）

194

■ フリーの損益計算書

【連結損益計算書】

(単位：千円)

	前連結会計年度 (自 2021年7月1日 至 2022年6月30日)	当連結会計年度 (自 2022年7月1日 至 2023年6月30日)
売上高	※1 14,380,373	※1 19,219,994
売上原価	2,840,832	3,153,526
売上総利益	11,539,541	16,066,468
販売費及び一般管理費	※2,3 14,582,223	※2,3 23,985,887
営業損失（△）	△3,042,681	△7,919,419
営業外収益		
講演料等収入	303	844
還付消費税等	617	-
法人税等還付加算金	5,950	6,270
償却債権取立益	1,057	-
債務消滅益	-	18,516
その他	3,234	3,764
営業外収益合計	11,162	29,395
営業外費用		
支払利息	4,385	13,307
匿名組合投資損失	481	66
為替差損	27,437	13,478
投資事業組合運用損	5,372	14,757
支払手数料	3,229	14,216
株式交付費	1,730	988
譲渡制限付株式報酬償却損	11,673	31,865
その他	52	3,707
営業外費用合計	54,363	92,387
経常損失（△）	△3,085,882	△7,982,411
特別利益		
新株予約権戻入益	73	219
関係会社株式売却益	8,670	-
敷金償却戻入益	-	9,302
段階取得に係る差益	-	72,502
受取損害賠償金	-	8,243
特別利益合計	8,743	90,267
特別損失		
固定資産除却損	2,663	-
減損損失	※4 9,221,296	※4 4,217,162
投資有価証券評価損	-	98,040
移転関連費用	409	118,186
その他	-	2,969
特別損失合計	9,224,369	4,436,359
税金等調整前当期純損失（△）	△12,301,508	△12,328,502
法人税、住民税及び事業税	16,709	16,548
法人税等調整額	△709,193	△16,790
法人税等合計	△692,484	△241
当期純損失（△）	△11,609,024	△12,328,261
非支配株主に帰属する当期純利益	-	10,174
親会社株主に帰属する当期純損失（△）	△11,609,024	△12,338,435

となります。

　研究開発と人材獲得に力を注ぎ、さらに積極的な広告宣伝によって市場を開拓する。成長企業ならではのお金の使い方がうかがわれます。特にこの時期は、インボイス制度の開始や電子帳簿保存法の改正など、同社にとって大きくシェアを伸ばせる外的要因があったため、機能の変更・追加や広告宣伝に惜しみなくコストをかけたのだと考えられます。

　稼ぐ力については、現時点ではなんとも言えません。ハイライト情報の過去5期分の数字から利益率を計算しようにも、各期においてまだ経常赤字の状態が続いているからです。利益が生じていない状態ですから、利益率を計算できるはずがありません。

　ただ、営業損益や経常損益が赤字でも、利益率を計算する方法がひとつだけあります。**それは「売上総利益率（粗利率）」の推移をチェックすることです。**

　売上総利益は、売上高から売上原価を差し引いて算出されます。この数字を計算すると、過去5期分の推移は次のようになります。

　第7期＝78.2％、第8期＝77.4％、第9期＝79.5％、第10期＝80.2％、第11期＝83.6％。

　売上総利益率の平均値は、業種によっても大きく違ってきます。たとえば卸売業になると20％を下回ることもざらですし、技術サービス業になると60％を超えてくるようです。

　そのなかで、同社の売上総利益率は極めて高く、しかも第11期は83.6％もの高さですから、さまざまな先行投資が一段落し、かつマーケットを確実に押さえる時期になれば、高い利益率が期待できるのではないかと推測できます。

　なお、【手順4】のセグメント情報については、記載がないため割愛します。

ステップ❷ 会社の安全性・健全性を見抜く

● 【手順1】ハイライト情報から「自己資本比率」を把握する

　自己資本比率ですが、第11期の60.1％は安全圏と言えますし、第8期が75.1％、第9期が84.2％、第10期が76.1％と、非常に高い水準で推移していました。**自己資本比率は40％以上あれば一応安全、50％を超えていれば安全、70％以上あれば理想的**と考えられるので、過去の推移を見ても、優良だと言えるでしょう。

● 【手順2】**貸借対照表の「資産の部」「負債の部」をチェックする**

　続いて貸借対照表を見てみましょう。主要項目をざっと見ると、

・資産 …………… 427億8688万5000円
・負債 …………… 157億2782万3000円
・純資産 …………… 270億5906万1000円

となっています。純資産の額が大きいほど資金繰りに窮するリスクは低くなります。同社の場合、純資産の総額が負債を大きく上回っていますから、資金繰りに窮するリスクは低いと考えられます。

　次に資産と負債の両方について、流動と固定の割合を見てみます。

【資産】
・流動資産 …………… 412億1009万1000円
・固定資産 …………… 15億7679万3000円

【負債】
・流動負債 …………… 140億5392万4000円
・固定負債 …………… 16億7389万8000円

■ フリーの貸借対照表

① 【連結貸借対照表】

(単位：千円)

	前連結会計年度 (2022年6月30日)	当連結会計年度 (2023年6月30日)
資産の部		
流動資産		
現金及び預金	42,546,956	36,405,852
売掛金	※2 1,691,129	※2 2,250,951
その他	1,495,420	2,568,885
貸倒引当金	△15,264	△15,597
流動資産合計	45,718,242	41,210,091
固定資産		
有形固定資産		
建物附属設備	113,003	112,399
減価償却累計額	△113,003	△112,399
建物附属設備（純額）	-	-
工具、器具及び備品	281,418	282,814
減価償却累計額	△281,418	△282,814
工具、器具及び備品（純額）	-	-
有形固定資産合計	-	-
投資その他の資産		
投資有価証券	518,939	529,937
敷金及び保証金	※1 1,040,603	※1 876,204
その他	150,449	199,746
貸倒引当金	△15,166	△29,095
投資その他の資産合計	1,694,826	1,576,793
固定資産合計	1,694,826	1,576,793
資産合計	47,413,069	42,786,885

(単位：千円)

	前連結会計年度 (2022年6月30日)	当連結会計年度 (2023年6月30日)
負債の部		
流動負債		
未払金	2,137,546	1,927,678
未払費用	1,290,446	2,433,417
未払法人税等	174,046	189,953
前受収益	6,296,100	8,940,008
賞与引当金	131,405	234,614
短期借入金	550,000	-
その他	186,926	328,251
流動負債合計	10,766,471	14,053,924
固定負債		
社債	26,000	
資産除去債務	-	1,529,496
長期未払金	10,000	10,000
会員預り金	136,933	13,600
その他	45,041	120,801
固定負債合計	217,974	1,673,898
負債合計	10,984,446	15,727,823
純資産の部		
株主資本		
資本金	24,724,300	25,640,623
資本剰余金	40,630,339	41,555,929
利益剰余金	△29,268,227	△41,606,663
自己株式	-	△281
株主資本合計	36,086,413	25,589,608
その他の包括利益累計額		
その他有価証券評価差額金	3,514	105,385
繰延ヘッジ損益	-	25,085
為替換算調整勘定	5,228	9,306
その他の包括利益累計額合計	8,743	139,776
新株予約権	333,466	328,770
非支配株主持分	-	1,000,906
純資産合計	36,428,622	27,059,061
負債純資産合計	47,413,069	42,786,885

資産については、１年以内に現金化が可能な流動資産の額が、１年超かからないと現金化できない固定資産を大きく上回っていますから、バランスとしては理想的です。負債については、１年以内に返済を求められる流動負債が、固定負債を大きく上回っています。外部からの借入がいっさいなく、負債は営業債務くらいしかないことから、これは当然のことと言えます。

　流動資産を流動負債で割って求められる「流動比率」を計算してみましょう。

【流動比率】
・412億1009万1000円÷140億5392万4000円×100＝293.23％

　この数字は100％を超えているかどうかで財務安全性を把握するものなので、フリーの293.23％は非常に優秀な数字です。これだけ流動比率が高ければ、財務面のリスクはかなり低いと判断してもよさそうです。

　念のため「負債総資産比率」も計算してみましょう。

・資産合計額 ………… 427億8688万5000円
・負債合計額 ………… 157億2782万3000円

【負債総資産比率】
・157億2782万3000円÷427億8688万5000円×100＝36.76％

　一般的にこの数字は、50％よりも低ければ将来の債務返済リスクは低いと判断できます。同社の場合、36.76％ですから、この点でも財務安全性は高いと考えられます。

　もう少し負債の部を見てみましょう。最も大きな額になっているのが「前受収益」の89億4000万8000円です。流動負債総額の、実に

63.61％を占めています。

　ところで前受収益とは、**具体的な商品やサービスを提供する前に、会費などの形で利用者から徴収されているお金です。**商品やサービスを提供する前に受け取っているお金なので、負債と言われればたしかにそうなのですが、有利子負債と違って金利がいっさい発生しません。しかも、商品やサービスを利用者に提供した段階で、前受収益に計上されている金額は、売上高に振り替えられます。

　もちろん、利用者からキャンセルが生じた場合には、前受収益から利用者に返却しなければなりませんが、金利がないうえに売上高に転嫁されていく負債なので、前受収益は「いい負債」と言えます。

　その金額が流動負債の63.61％も占めているのですから、実質的に見た目ほど流動負債の額は大きくないと考えられます。この点でも同社の財務リスクは、かなり低いと考えてよさそうです。

● 【手順3】**貸借対照表の「純資産の部」をチェックする**

　純資産の部については、資本金と資本剰余金の合計が671億9655万2000円もありますが、赤字決算が続いているため、利益剰余金は大幅なマイナスになっています。

　特に第11期は赤字の額が大きく増えたこともあるので、利益剰余金の大幅マイナスによって、株主資本の合計額が前期に比べて大きく減額されています。

　前述したように、同社の場合、研究開発費や人件費、広告宣伝費が前期比で大きく増えました。こうしたコスト負担増は、通常、多くの企業にとってマイナスであり、コスト削減の対象になりやすい項目ですが、同社の場合、まさに今が成長過程の真っ只中であり、マーケットを獲得する必要があるので、これらのコスト負担増は先行投資と言っていいでしょう。

　その意味では、赤字拡大に伴う利益剰余金の一時的な減額も、多少

は目をつぶっておく必要があるのかもしれません。

● 【手順4】キャッシュ・フローをチェックする

　最後にキャッシュ・フロー計算書を見ておきましょう。191ページに示した有価証券報告書の冒頭、ハイライト情報をまず見てください。

　営業活動のキャッシュ・フローは、過去5期のすべてにおいて支出超になっています。第11期は特に支出超の額が増えています。

　損益計算書上、赤字が続いていることから想像できる通り、本業では依然として、入ってくるお金よりも出ていくお金のほうが超過している状況が続いていることを意味します。

　投資活動によるキャッシュ・フローは支出超が続いており、財務活動によるキャッシュ・フローは過去5期にわたって収入超が続いています。**システム投資やM&Aを活発に行っているため、投資資金の需要があるものの、本業では持ち出しが多いため、株式発行によって資金を賄っている状況がうかがえます。**

　将来の成長が大いに期待できるビジネスであることから、市場からの資金調達がスムーズに実現できているのでしょう。

■ フリーのキャッシュ・フロー計算書(一部)

④ 【連結キャッシュ・フロー計算書】

(単位:千円)

	前連結会計年度 (自 2021年7月1日 至 2022年6月30日)	当連結会計年度 (自 2022年7月1日 至 2023年6月30日)
営業活動によるキャッシュ・フロー		
税金等調整前当期純損失(△)	△12,301,508	△12,328,502
減価償却費	324,287	-
のれん償却額	257,379	-
減損損失	9,221,296	4,217,162
関係会社株式売却損益(△は益)	△8,670	-
株式交付費	1,730	988
移転関連費用	409	118,186
段階取得に係る差損益(△は益)	-	△72,502
貸倒引当金の増減額(△は減少)	△4,241	13,163
賞与引当金の増減額(△は減少)	96,205	103,209
投資有価証券評価損益(△は益)	-	98,040
投資事業組合運用損益(△は益)	5,372	14,757
匿名組合投資損益(△は益)	481	66
譲渡制限付株式報酬償却損	11,673	31,865
新株予約権戻入益	△73	△219
受取損害賠償金	-	△8,243
売上債権の増減額(△は増加)	△393,644	△559,719
立替金の増減額(△は増加)	△240,572	△771,397
未払金の増減額(△は減少)	313,204	225,509
未払費用の増減額(△は減少)	403,609	1,170,140
前受収益の増減額(△は減少)	1,737,825	2,564,756
その他	△478,448	485,694
小計	△1,053,681	△4,697,045
利息の受取額	540	195
利息の支払額	△4,687	△13,307
法人税等の支払額	△11,828	△15,792
移転関連費用の支払額	-	△35,920
損害賠償金の受取額	-	8,243
営業活動によるキャッシュ・フロー	△1,069,658	△4,753,626
投資活動によるキャッシュ・フロー		
有形固定資産の取得による支出	△1,605,678	△685,814
無形固定資産の取得による支出	△493,171	△44,783
事業譲受による支出	-	△20,000
投資有価証券の取得による支出	△189,999	△80,296
敷金及び保証金の差入による支出	△815,149	△49,577
敷金及び保証金の回収による収入	4,489	113,593
連結の範囲の変更を伴う子会社株式 の取得による支出	※2 △1,894,092	※2 △1,171,589
連結の範囲の変更を伴う子会社株式の売却による収入	※3 500,000	-
その他	9,633	3,050
投資活動によるキャッシュ・フロー	△4,483,968	△1,935,418
財務活動によるキャッシュ・フロー		
短期借入金の純増減額(△は減少)	300,000	△550,000
長期借入金の返済による支出	△292,046	△119,935
株式の発行による収入	444,035	240,080
自己株式の取得による支出	-	△281
非支配株主からの払込みによる収入	-	1,000,000
社債の償還による支出	-	△26,000
財務活動によるキャッシュ・フロー	451,989	543,864

PART 5

実際に有価証券報告書を速読してみよう

203

5
ラクスル株式会社（4384）

　インターネット印刷を主力とする会社です。インターネット印刷とは、ウェブ上で、ユーザーがデザインソフトを活用して自分の印刷したいものをデザインし、そのデータを送ると印刷物が出来上がるサービスです。ラクスルはさまざまな印刷工場と提携し、その印刷工場が稼働していない時間帯にユーザーから依頼されたものを印刷してくれます。印刷会社が持っている印刷機をシェアするサービスと言ってもいいでしょう。

　印刷ビジネスの市場規模を出荷額で見ると、2001年には7兆9709億2400万円（一般社団法人日本印刷産業連合会調べ）もありましたが、紙媒体がネットに切り替わっていく過程でどんどん縮小しています。2020年時点の出荷額は、4兆6630億4700万円まで減少しました。

　とはいえ、印刷物が完全に世の中からなくなることはありません。印刷というとチラシや本、パンフレットなど、紙の印刷物のイメージが強いと思いますが、たとえばグッズ・ノベルティ用のトートバッグやマグカップ、ボールペン、あるいはさまざまな商品への印刷も含めれば、まだまだ印刷技術を活かせる余地はあります。

　それに、市場規模は縮小傾向とはいえ、4兆円を超えているのも事実です。従来の印刷ビジネスをインターネットで効率化し、収益を得る余地は十分にあると考えられます。

ステップ❶　会社の稼ぐ力を見抜く

●【手順1】ハイライト情報で過去の業績を把握する

　同社は7月決算です。後述する「ダンボールワン」を完全子会社化したことによって、2022年7月期から連結決算に移行しています。

　そのため、連結経営指標としては第13期と第14期が掲載されているのみで、過去5期分の経営指標を見る場合は、ハイライト情報の次ページに記載されている「提出会社の経営指標等」（次ページ）をチェックするしかありません。

　提出会社の経営指標等で、連結決算が導入されるまでの売上の伸びを見てみましょう。

　　第11期＝17.77％、　第12期＝31.33％、　第13期＝17.57％。

　第13期決算から連結決算に移行したので、207ページのハイライト情報（主要な経営指標等の推移）を使って、直近の決算である第14期決算の売上伸び率を連結ベースで計算してみましょう。第13期の売上高は339億8000万円で、第14期が410億1800万円なので、伸び率は20.71％になります。順調ですね。

　ただ、第13期の経常損益が▲1億6700万円となっています。ちょっと気になるので調べてみましょう。

　13期の連結損益計算書を見ると、4億6200万円の営業利益が計上されていました。それが経常損失になったということは、何かちょっとした営業外費用が発生したと考えられます。すると「持分法による投資損失」として5億3200万円が計上されていました。これはあくまでも第13期のみの損失であり、その後も継続的に生じるものではないので、さほど心配する必要はないでしょう。実際、第14期には11億6800万円の経常利益が計上されています。

● 【手順2】沿革で会社の歴史を知る

　沿革を見ると、ラクスルの創業は2009年。比較的若い会社であることがわかりますが、祖業である印刷ビジネスのインターネット化を中心に、配車管理などで物流の効率化を図る「ハコベル」や、テレビCM分析や制作などを行う「ノバセル」、デバイスやSaaSの一元管理を行う「ジョーシス」といった多角的なサービスを提供しています。

■ ラクスルの有価証券報告書「提出会社の経営指標等」

(2) 提出会社の経営指標等

回次		第10期	第11期	第12期	第13期	第14期
決算年月		2019年7月	2020年7月	2021年7月	2022年7月	2023年7月
売上高	(百万円)	16,501	19,434	25,523	30,008	31,208
経常利益又は経常損失 (△)	(百万円)	130	△368	130	589	1,738
当期純利益又は当期純損失 (△)	(百万円)	69	△494	160	960	1,278
持分法を適用した場合の投資損失 (△)	(百万円)	–	–	△607	–	–
資本金	(百万円)	1,958	2,152	2,452	2,694	2,742
発行済株式総数	(株)	27,805,200	28,270,090	28,729,220	29,080,100	58,476,092
純資産額	(百万円)	6,809	6,801	7,996	9,852	14,357
総資産額	(百万円)	9,246	19,379	21,916	25,821	30,085
1株当たり純資産額	(円)	122.44	118.37	130.01	153.55	223.62
1株当たり配当額 (うち1株当たり中間配当額)	(円)	– (–)	– (–)	– (–)	– (–)	– (–)
1株当たり当期純利益又は1株当たり当期純損失 (△)	(円)	1.26	△8.82	2.81	16.64	21.98
潜在株式調整後1株当たり当期純利益	(円)	1.19	–	2.49	15.48	20.74
自己資本比率	(%)	73.6	34.5	34.1	34.6	43.3
自己資本利益率	(%)	1.0	–	2.3	11.7	11.7
株価収益率	(倍)	1,513.94	–	917.05	65.64	63.83
配当性向	(%)	–	–	–	–	–
営業活動によるキャッシュ・フロー	(百万円)	11	△126	1,539	–	–
投資活動によるキャッシュ・フロー	(百万円)	△266	△283	△3,618	–	–
財務活動によるキャッシュ・フロー	(百万円)	△206	9,956	75	–	–
現金及び現金同等物の期末残高	(百万円)	5,904	15,451	13,447	–	–
従業員数 (外、平均臨時雇用者数)	(人)	262 (17)	304 (19)	327 (16)	322 (10)	269 (15)
株主総利回り (比較指標：配当込みTOPIX)	(%) (%)	129.7 (91.4)	99.2 (89.6)	175.8 (116.3)	74.5 (121.6)	95.8 (149.6)
最高株価	(円)	5,340	4,380	5,900	7,310	1,968 (3,935)
最低株価	(円)	2,095	1,593	2,855	1,422	985 (1,969)

■ ラクスルの有価証券報告書「主要な経営指標等の推移」

Ⅰ 【主要な経営指標等の推移】
　(1) 連結経営指標等

回次		第10期	第11期	第12期	第13期	第14期
決算年月		2019年7月	2020年7月	2021年7月	2022年7月	2023年7月
売上高	(百万円)	–	–	–	33,980	41,018
経常利益又は経常損失（△）	(百万円)	–	–	–	△167	1,168
親会社株主に帰属する当期純利益	(百万円)	–	–	–	1,021	1,329
包括利益	(百万円)	–	–	–	1,040	4,343
純資産額	(百万円)	–	–	–	9,312	13,909
総資産額	(百万円)	–	–	–	28,633	32,665
1株当たり純資産額	(円)	–	–	–	144.26	215.89
1株当たり当期純利益	(円)	–	–	–	17.69	22.86
潜在株式調整後1株当たり当期純利益	(円)	–	–	–	16.47	21.56
自己資本比率	(%)	–	–	–	29.3	38.5
自己資本利益率	(%)	–	–	–	12.2	12.7
株価収益率	(倍)	–	–	–	61.72	61.37
営業活動によるキャッシュ・フロー	(百万円)	–	–	–	837	2,902
投資活動によるキャッシュ・フロー	(百万円)	–	–	–	△2,808	297
財務活動によるキャッシュ・フロー	(百万円)	–	–	–	2,206	△2,228
現金及び現金同等物の期末残高	(百万円)	–	–	–	13,682	14,644
従業員数 （外、平均臨時雇用者数）	(人)	(–)	(–)	(–)	423 (17)	384 (40)

（注）1．第13期より連結財務諸表を作成しているため、それ以前については記載しておりません。
　　　2．従業員数は就業人員（当社グループから当社グループ外への出向者を除き、当社グループ外から当社グループへの出向者を含む。）であり、臨時雇用者数（パートタイマー、人材会社からの派遣社員を含む。）は、年間の平均人員を（　）外数で記載しております。
　　　3．当社は、2023年2月1日付で普通株式1株につき2株の割合で株式分割を行っております。第13期の期首に当該株式分割が行われたと仮定し、1株当たり純資産額、1株当たり当期純利益及び潜在株式調整後1株当たり当期純利益を算定しております。
　　　4．「収益認識に関する会計基準」（企業会計基準第29号　2020年3月31日）等を第13期の期首から適用しております。

また、前述した段ボールや梱包材を取り扱う EC サイト「ダンボールワン」を子会社化したり、海外に進出したりと、積極的に事業を拡大しています。まさに成長過程にあると言っていいでしょう。

ここでは、表の掲載は割愛しますが、興味のある方は検索してみてください。

● 【手順3】 **収益構造を把握する**

稼ぐ力を見てみましょう。経常利益を用いて利益率を計算してみます。ここでも第13期から連結決算に移行しているので、第12期までは提出会社の経営指標等から利益率を計算します。

第10期＝0.79%、第11期＝－、第12期＝0.51%、第13期＝－、第14期＝2.85%。

まだまだ利益率という点では見るべき数字はありませんが、同社は会社設立から14年しか経過していない新興企業です。より高い成長を目指すため、先行投資重視であることを考えれば、仕方のないところでしょう。同社のサイトで見られる過去の有価証券報告書は2018年7月期のものが最も古いのですが、第5期から第8期までは経常損失が続いています。第9期から経常利益が計上されるようになり、ようやく黒字化したばかりであり、さらに利益率を高められるかどうかは、まさにこれからの話です。

次に、第14期の連結損益計算書を見てみましょう。売上高、売上原価、販売管理費などは、以下のようになります。

・売上高 ………… 410億1800万円

・売上原価 ………… 287億2200万円

・販売管理費 ………… 105億2900万円

・営業外収益 ………… 3800万円

・営業外費用 ………… 6億3400万円

■ ラクスルの損益計算書

【連結損益計算書】

(単位：百万円)

	前連結会計年度 (自　2021年8月1日 至　2022年7月31日)	当連結会計年度 (自　2022年8月1日 至　2023年7月31日)
売上高	33,980	41,018
売上原価	24,176	28,722
売上総利益	9,803	12,295
販売費及び一般管理費	※1 9,340	※1 10,529
営業利益	462	1,765
営業外収益		
受取利息	10	10
受取配当金	1	1
為替差益	3	6
キャッシュバック収入	6	8
その他	6	10
営業外収益合計	28	38
営業外費用		
支払利息	34	54
株式報酬費用消滅損	72	41
持分法による投資損失	532	513
その他	19	24
営業外費用合計	658	634
経常利益又は経常損失（△）	△167	1,168
特別利益		
子会社株式売却益	―	※3 1,588
持分変動利益	―	103
段階取得に係る差益	744	―
新株予約権戻入益	0	1
その他	―	7
特別利益合計	745	1,701
特別損失		
固定資産除却損	※2 2	※2 11
有価証券評価損	4	205
子会社株式評価損	14	―
関係会社株式売却損	―	※4 147
持分変動損失	18	―
和解金	※5 39	―
その他	―	3
特別損失合計	80	367
税金等調整前当期純利益	497	2,502
法人税、住民税及び事業税	293	836
法人税等調整額	△818	336
法人税等合計	△524	1,173
当期純利益	1,021	1,329
非支配株主に帰属する当期純利益又は非支配株主に帰属する当期純損失（△）	―	―
親会社株主に帰属する当期純利益	1,021	1,329

売上原価率は70.02％です。やや高いとは思うのですが、同社は、「プラットフォームの価値を示す、付加価値の総和」として、最重要指標を「売上総利益率」に置いていて、グループ全体の売上総利益の絶対額の増加、対前年同期比の増加率を重視すると、第14期の有価証券報告書に記載しています。計算すると、売上総利益は122億9500万円で、前年同期比25.4％増となりました。

● 【手順4】 どの事業が稼ぎ頭なのかをチェックする

下のセグメント情報（前期の数字は割愛）見ると、「ラクスル」は売上高が377億5100万円で前年同期比38.2％増、セグメント利益は37億100万円で23.3％増です。現時点では「ラクスル」が圧倒的な稼ぎ頭だと言えます。

「ノバセル」は売上高が26億5200万円で、セグメント損益は1500万円の損失でした。ちなみに前期のセグメント損失は 1 億3100万円でしたから、着実に損失は減っており、次期には単年度黒字になる可能性もあると思われます。

■ ラクスルの有価証券報告書「セグメント情報」（一部）

当連結会計年度（自　2022年8月1日　至　2023年7月31日）

（単位：百万円）

	報告セグメント			その他	合計	調整額	連結財務諸表計上額
	ラクスル	ノバセル	計				
売上高							
外部顧客への売上高	37,751	2,652	40,403	614	41,018	—	41,018
セグメント間の内部売上高又は振替高	5	3	9	32	42	△42	—
計	37,756	2,656	40,413	647	41,060	△42	41,018
セグメント利益又は損失（△）	3,701	△15	3,686	176	3,862	△2,097	1,765
その他の項目							
減価償却費	197	11	208	5	214	17	231
有形固定資産及び無形固定資産の増加額	69	62	132	1	133	31	165

(注) 1. 「その他」の区分は、報告セグメントに含まれない事業セグメントであり、システム構築支援事業等を含んでおります。
2. セグメント利益又は損失（△）の調整額△2,097百万円には、各報告セグメントに配分していない全社費用△2,097百万円が含まれております。全社費用は、主に報告セグメントに帰属しない一般管理費であります。
3. 有形固定資産及び無形固定資産の増加額の調整額は、本社建物の設備投資額であります。
4. セグメント利益又は損失（△）は、連結損益計算書の営業利益と調整を行っております。

ステップ❷ 会社の安全性・健全性を見抜く

● 【手順1】ハイライト情報から「自己資本比率」を把握する

　自己資本比率を見てみましょう。第10期は73.6％と非常に高い水準でしたが、その後、低下傾向をたどり、連結決算に切り替わった第13期は29.3％まで低下しました。とはいえ、第14期では38.5％まで回復しています。この程度の水準があれば、自己資本比率は合格と言ってもいいでしょう。

● 【手順2】貸借対照表の「資産の部」「負債の部」をチェックする

　次に「貸借対照表」（次ページ）を見てみます。主な項目を抜き出すと、下記のようになります。

・資産 ………… 326億6500万円
・負債 ………… 187億5600万円
・純資産 ………… 139億900万円

　負債の額を純資産の額で割った負債比率を計算してみます。

【負債比率】
・187億5600万円÷139億900万円×100＝134.85％

　一般的に**負債比率は100%以下ならば安全**と言われていますが、同社の場合、それを大きく上回っています。ただ、負債比率が高いということは、それだけ財務レバレッジが効いていることでもあり、ROE（自己資本利益率）を向上させる効果が期待できます。同社のROEを見ると、第13期が12.2％、第13期は12.7％です。**ROEは8％以上が望ましい**とされているので、12.7％は合格点です。そのうえで自

■ ラクスルの貸借対照表

① 【連結貸借対照表】

(単位：百万円)

	前連結会計年度 (2022年7月31日)	当連結会計年度 (2023年7月31日)
資産の部		
流動資産		
現金及び預金	13,682	14,644
受取手形及び売掛金	※1 4,903	※1 4,718
商品及び製品	201	282
原材料及び貯蔵品	8	13
前払費用	583	549
その他	281	380
貸倒引当金	△0	△0
流動資産合計	19,660	20,589
固定資産		
有形固定資産		
建物及び構築物	212	223
減価償却累計額	△97	△113
建物及び構築物（純額）	115	110
機械装置及び運搬具	775	754
減価償却累計額	△534	△599
機械装置及び運搬具（純額）	241	155
その他	83	95
減価償却累計額	△66	△66
その他（純額）	16	29
有形固定資産合計	373	294
無形固定資産		
のれん	4,708	4,212
ソフトウエア	395	320
ソフトウエア仮勘定	88	83
その他	15	8
無形固定資産合計	5,208	4,625
投資その他の資産		
投資有価証券	※2 633	※2 5,025
関係会社株式	※2 1,436	※2 1,452
長期前払費用	202	56
繰延税金資産	968	194
その他	151	427
投資その他の資産合計	3,391	7,156
固定資産合計	8,973	12,076
資産合計	28,633	32,665

（単位：百万円）

	前連結会計年度 （2022年7月31日）	当連結会計年度 （2023年7月31日）
負債の部		
流動負債		
買掛金	3,234	3,299
未払金及び未払費用	1,239	1,035
短期借入金	800	800
1年内返済予定の長期借入金	1,695	1,647
未払法人税等	288	754
未払消費税等	213	294
契約負債	91	160
賞与引当金	135	200
その他	75	100
流動負債合計	7,774	8,292
固定負債		
転換社債型新株予約権付社債	5,023	5,013
長期借入金	6,417	4,451
資産除去債務	106	105
繰延税金負債	−	892
固定負債合計	11,546	10,463
負債合計	19,320	18,756
純資産の部		
株主資本		
資本金	2,694	2,742
資本剰余金	5,501	5,549
利益剰余金	165	1,540
自己株式	△0	△300
株主資本合計	8,360	9,531
その他の包括利益累計額		
その他有価証券評価差額金	22	3,036
その他の包括利益累計額合計	22	3,036
新株予約権	930	1,341
純資産合計	9,312	13,909
負債純資産合計	28,633	32,665

己資本比率は38.5％ですから、資金繰りが急に悪化するとは思えません。
　資産と負債の両方について、流動と固定の割合を見てみましょう。

【資産】
・流動資産 ……………… 205億8900万円
・固定資産 ……………… 120億7600万円

【負債】
・流動負債 ……………… 82億9200万円
・固定負債 ……………… 104億6300万円

　パッと見た感じ、悪くはないと思います。流動資産を流動負債で割って求める「流動比率」を計算してみましょう。

【流動比率】
・205億8900万円÷82億9200万円×100＝248.30％

　1年以内に現金化できる資産の額が、1年以内に返済を必要とする負債の額を大きく上回っていることがわかります。この点においても財務の安全性は高いと判断できます。
　また、負債合計額を資産合計額で割って求められる「負債総資産比率」は、下記の通りです。

【負債総資産比率】
・187億5600万円÷326億6500万円×100＝57.42％

　目安となる50％を超えているので、この点は少し心配です。
　そこで、負債の中身をチェックします。短期借入金と1年内返済予

定の長期借入金の合計額は24億4700万円。それを含める流動負債の合計額は82億9200万円ですが、流動資産が205億8900万円、純資産が139億900万円もあるので、ひとまずは安心してもいいでしょう。

● 【手順3】貸借対照表の「純資産の部」をチェックする

純資産の部についても詳しく見ていきたいと思います。

過去の営業によって得た利益の積み上げ部分である利益剰余金は15億4000万円。金額的にはそれほど大きいわけではありませんが、それを含めた株主資本の合計額は95億3100万円あります。水準としては、もっと大きな額の企業もありますが、絶対金額ではなく質も問われるところです。「利益剰余金比率」を計算してみましょう。

・利益剰余金 ……………… 15億4000万円
・総資本（負債純資産合計）…………… 326億6500万円

【利益剰余金比率】
・15億4000万円÷326億6500万円×100＝4.71%

利益剰余金比率は一応、40%を上回るのが理想とされるので、4.71%はいかにも低いのですが、同社は設立から14年しか経過していない新興企業である点を考えてください。新興企業の多くは、たとえ赤字決算になったとしても、市場を獲得して将来の成長を確保しなければなりませんから、利益剰余金が少ないのは仕方のないところです。

● 【手順4】キャッシュ・フローをチェックする

最後にキャッシュ・フロー計算書です。

第10期から第12期までは連結決算になる前の数字を見ていきます。

営業活動によるキャッシュ・フローは、徐々にではありますが、プラスの方向に増加傾向をたどっているのがわかります。

連結決算導入後は第13期が8億3700万円の収入超、第14期が29億200万円の収入超です。営業キャッシュ・フローは基本的に収入超であることが理想なので、その金額が増加傾向にあるのは望ましいと言えます。

　投資活動によるキャッシュ・フローは、第10期から支出超が続いていましたが、第14期は収入超に転じています。

　基本的に投資活動によるキャッシュ・フローは支出超が望ましいと考えられますが、同社の第14期に関しては、**連結範囲の変更を伴う子会社株式の売却によって6億8500万円の収入がある一方、投資有価証券の取得による支出が1億5500万円、敷金の差入による支出が2億7500万円あったため、差し引きで2億9700万円の収入超になった**と説明されています。第14期の投資活動によるキャッシュ・フローが収入超になったのは、今期のみの要因であり、けっして投資活動が疎かになったわけではないという点に留意しておいてください。

　財務活動によるキャッシュ・フローは、第13期が22億600万円の収入超でしたが、第14期は22億3800万円の支出超になりました。

　第14期に関しては、**長期借入金の返済によって支出した金額が20億1300万円で、加えて自己株式の取得によって2億9900万円の支出があったため**と説明されています。

　ちなみに、営業活動によるキャッシュ・フローと投資活動によるキャッシュ・フローの和で求められるフリー・キャッシュ・フロー（第13期・第14期）は、次の通りです。

・第13期：8億3700万円 + ▲28億800万円 = ▲19億7100万円
・第14期：29億200万円 + 2億9700万円 = 31億9900万円

　基本的にフリー・キャッシュ・フローは自由に使えるお金と考えることができるので、この数字がプラスに転じた第14期からは、キャッシュ・フロー経営の観点からも望ましいと考えてよさそうです。

■ ラクスルのキャッシュ・フロー計算書

④【連結キャッシュ・フロー計算書】

（単位：百万円）

	前連結会計年度 （自　2021年8月1日 至　2022年7月31日）	当連結会計年度 （自　2022年8月1日 至　2023年7月31日）
営業活動によるキャッシュ・フロー		
税金等調整前当期純利益	497	2,502
減価償却費	227	231
のれん償却額	247	495
株式報酬費用	695	652
有価証券評価損益（△は益）	4	205
持分変動損益（△は益）	18	△103
子会社株式評価損	14	－
子会社株式売却損益（△は益）	－	△1,588
関係会社株式売却損益（△は益）	－	147
段階取得に係る差損益（△は益）	△744	－
持分法による投資損益（△は益）	532	513
固定資産除却損	2	11
受取利息及び受取配当金	△11	△12
支払利息	34	54
貸倒引当金の増減額（△は減少）	△4	－
賞与引当金の増減額（△は減少）	123	64
売上債権の増減額（△は増加）	△1,294	△418
棚卸資産の増減額（△は増加）	△30	△85
仕入債務の増減額（△は減少）	567	442
未払金及び未払費用の増減額（△は減少）	270	84
未払消費税等の増減額（△は減少）	54	83
その他	△152	73
小計	1,053	3,354
利息及び配当金の受取額	1	2
利息の支払額	△33	△55
法人税等の支払額	△184	△399
営業活動によるキャッシュ・フロー	837	2,902
投資活動によるキャッシュ・フロー		
有形固定資産の取得による支出	△3	△8
無形固定資産の取得による支出	△146	△144
投資有価証券の取得による支出	△418	△155
関係会社株式の取得による支出	△387	－
関係会社株式の売却による収入	－	274
連結の範囲の変更を伴う子会社株式の取得による支出	※2 △1,789	－
連結の範囲の変更を伴う子会社株式の売却による収入	－	※3 685
敷金の差入による支出	－	△275
短期貸付けによる支出	△68	△156
短期貸付金の回収による収入	4	76
投資活動によるキャッシュ・フロー	△2,808	297
財務活動によるキャッシュ・フロー		
短期借入れによる収入	800	－
短期借入金の返済による支出	△600	－
長期借入れによる収入	3,600	－
長期借入金の返済による支出	△1,684	△2,013
新株予約権の発行による収入	－	30
新株予約権の行使による株式の発行による収入	91	44
自己株式の取得による支出	△0	△299
財務活動によるキャッシュ・フロー	2,206	△2,238
現金及び現金同等物の増減額（△は減少）	235	962
現金及び現金同等物の期首残高	13,447	13,682
現金及び現金同等物の期末残高	※1 13,682	※1 14,644

6

株式会社鳥貴族
ホールディングス（3193）

　ご存じ、328円（税込み360円）均一の焼鳥店「鳥貴族」を運営している外食企業です。鳥貴族の他、別業態として「TORIKI BURGER」を展開。2021年に第1号店舗をオープンしています。

「TORIKI BURGER」は、国産チキンバーガーの専門店で、国産食材にこだわった商品づくりを行っていますが、2023年11月に渋谷井の頭通り店を閉店したため、東京の大井町店と京都の伏見稲荷 OICY ビレッジ店の2店舗のみとなり、やや苦戦中です。2023年7月時点の店舗数は、直営店が394店舗、加盟店が232店舗の計626店舗です。その前の4年間の店舗数推移は、

・2019年7月 …………… 659店舗
・2020年7月 …………… 629店舗
・2021年7月 …………… 615店舗
・2022年7月 …………… 617店舗

となっています。新型コロナウイルスの感染拡大による影響もあったのか、2021年7月にかけて店舗数は減少していますが、2023年7月の店舗数が626店舗ですから、徐々に回復基調と言えそうです。ちなみに2023年7月期の有価証券報告書には記載されていませんが、過去最も店舗数が多かったのは、2018年7月の665店舗でした。

　これからの日本は人口が加速度的に減少していくため、内需だけを当てにしていると、商売はしりすぼみになっていきます。それを懸念してか、鳥貴族ホールディングスも2023年4月、アメリカにTORIKIZOKU USA Inc. を設立し、グローバル展開を視野に入れています。

ステップ❶ 会社の稼ぐ力を見抜く

● 【手順1】ハイライト情報で過去の業績を把握する

　では、有価証券報告書を見ていきましょう。同社は第35期から連結財務諸表を作成しています。そのためハイライト情報で連結経営指標が記載されているのは第35期以降なので、2023年7月の第37期時点で公表されているのは、過去3期分の連結財務諸表になります。

　売上高の前期比を見てみましょう。第33期と第34期は連結決算ではないことを前提に数字を見てください。

　第34期＝▲23.18％、第35期＝▲43.39％、第36期＝30.13％、第37期＝64.87％となっています。

　ちなみに、「提出会社の経営指標等」で確認した第33期と第34期の売上高はそれぞれ、3584億4769万1000円（第33期）、2753億3962万4000円（第34期）でした。

　第33期は2019年7月なので、新型コロナウイルスの感染拡大による影響は生じていないなかでの売上高です。第44期の2020年7月は新型コロナウイルスの感染拡大によって行動制限が科せられた時期が4カ月分ほど含まれます。そして、第35期は行動制限の真っ只中というところで、売上高が大幅に減少しました。

　注目点は、第33期の売上高を回復できたかどうかということでしょう。第37期の売上高は、前年同期比64.87％という大幅な伸びを見せていますが、残念ながら連結決算移行前の売上高を超えていません。

　とはいえ、第38期の第1四半期決算によると、連結売上高は96億2663万1000円ですから、これを4倍することによって、2024年7月期決算の売上高を想定できます。4倍すると、385億652万4000円ですから、コロナ前の売上の水準を上回ることになります。

■ 鳥貴族HDの有価証券報告書「ハイライト情報」

I 【主要な経営指標等の推移】

(1) 連結経営指標等

回次		第33期	第34期	第35期	第36期	第37期
決算年月		2019年7月	2020年7月	2021年7月	2022年7月	2023年7月
売上高	(千円)	－	－	15,590,862	20,288,290	33,449,087
経常利益又は経常損失（△）	(千円)	－	－	△314,866	1,968,171	1,429,047
親会社株主に帰属する当期純利益又は親会社株主に帰属する当期純損失（△）	(千円)	－	－	△466,421	1,134,254	616,269
包括利益	(千円)	－	－	△483,303	1,123,015	645,822
純資産額	(千円)	－	－	5,221,145	6,337,291	6,890,135
総資産額	(千円)	－	－	16,834,661	18,466,814	19,318,991
1株当たり純資産額	(円)	－	－	450.58	546.85	594.55
1株当たり当期純利益又は1株当たり当期純損失（△）	(円)	－	－	△40.25	97.88	53.18
潜在株式調整後1株当たり当期純利益	(円)	－	－	－	－	－
自己資本比率	(％)	－	－	31.0	34.3	35.7
自己資本利益率	(％)	－	－	△8.5	19.6	9.3
株価収益率	(倍)	－	－	－	23.5	51.4
営業活動によるキャッシュ・フロー	(千円)	－	－	△2,687,990	5,912,948	1,720,657
投資活動によるキャッシュ・フロー	(千円)	－	－	△111,171	△473,347	△1,204,493
財務活動によるキャッシュ・フロー	(千円)	－	－	△1,132,094	△1,536,484	△587,997
現金及び現金同等物の期末残高	(千円)	－	－	4,806,821	8,719,937	8,689,668
従業員数（外、平均臨時雇用者数）	(人)	－（－）	－（－）	830（1,446）	851（1,919）	890（3,087）

(注) 1. 第35期より連結財務諸表を作成しているため、それ以前については記載しておりません。

2. 第35期の潜在株式調整後1株当たり当期純利益については、1株当たり当期純損失であり、また潜在株式が存在しないため記載しておりません。第36期及び第37期の潜在株式調整後1株当たり当期純利益については、潜在株式が存在しないため記載しておりません。

3. 第35期の株価収益率については、親会社株主に帰属する当期純損失であるため記載しておりません。

4. 従業員数は就業員数であり、臨時雇用者数は年間の平均雇用人員（1日8時間換算）を（）内に外書で記載しております。

5. 「収益認識に関する会計基準」（企業会計基準第29号 2020年3月31日）等を第36期の期首から適用しており、第36期以降に係る主要な経営指標等については、当該会計基準等を適用した後の指標等となっております。

●【手順2】沿革で会社の歴史を知る

　沿革を見てみましょう。表の掲載は割愛しますが、同社の設立は1986年9月ですから、37年の歴史を持っています。大阪で設立された会社で、当初は関西圏を基盤にして商圏を拡大していました。

　2024年1月時点では、大阪府を中心にした関西圏、愛知県を中心とした東海圏、東京都を中心とした関東圏がメインの商圏です。北海道は3店舗、東北は宮城県に2店舗、北陸・甲信越は石川県に1店舗、中国は岡山県と広島県が1店舗ずつ、四国が徳島県に1店舗、九州が鹿児島県と福岡県に1店舗ずつ、沖縄県が1店舗となっており、あくまでも東名阪が中心であることがわかります。なお2023年1月には、「やきとり大吉」を展開しているダイキチシステムをグループ化し、1000店舗もの焼鳥屋チェーンを構築するまでになりました。

●【手順3】収益構造を把握する

　稼ぐ力を見てみましょう。利益率の推移は次のようになります。

　第33期＝3.19%、第34期＝3.47%、第35期＝－、第36期＝9.70%、第37期＝4.27%（第33期と第34期は「提出会社の経常指標等」で計算）。

　外食産業はどこも例外なく同じですが、利益率で見ると非常に低いのが現実です。

　次ページの損益計算書を見てみましょう。第37期における売上高、売上原価、販売管理費などは以下のようになります。

・売上高 …………… 334億4908万7000円

・売上原価 ………… 100億603万4000円

・販売管理費 ……… 220億2556万7000円

・営業外収益 ……… 3483万4000円

・営業外費用 ……… 2327万2000円

■ 鳥貴族HDの損益計算書

【連結損益計算書】

(単位：千円)

	前連結会計年度 (自　2021年8月1日 至　2022年7月31日)	当連結会計年度 (自　2022年8月1日 至　2023年7月31日)
売上高	※1 20,288,290	※1 33,449,087
売上原価	5,980,079	10,006,034
売上総利益	14,308,210	23,443,052
販売費及び一般管理費	※2 16,741,565	※2 22,025,567
営業利益又は営業損失（△）	△2,433,354	1,417,484
営業外収益		
受取利息	30	54
保険解約返戻金	4,659	9,193
受取保険金	1,689	9,659
物品売却益	1,652	3,838
為替差益	-	8,171
その他	4,424,387	3,917
営業外収益合計	4,432,419	34,834
営業外費用		
支払利息	24,736	16,132
支払手数料	4,501	5,862
その他	1,655	1,276
営業外費用合計	30,894	23,272
経常利益	1,968,171	1,429,047
特別利益		
固定資産売却益	-	※3 7,289
移転補償金	-	32,633
特別利益合計	-	39,922
特別損失		
固定資産除却損	-	※4 778
減損損失	※5 126,549	※5 420,343
特別損失合計	126,549	421,122
税金等調整前当期純利益	1,841,621	1,047,847
法人税、住民税及び事業税	504,232	375,588
法人税等調整額	203,134	55,989
法人税等合計	707,366	431,578
当期純利益	1,134,254	616,269
親会社株主に帰属する当期純利益	1,134,254	616,269

※2　販売費及び一般管理費のうち主要な費目及び金額は次のとおりであります。

	前連結会計年度 (自　2021年8月1日 至　2022年7月31日)	当連結会計年度 (自　2022年8月1日 至　2023年7月31日)
給与手当	3,281,405千円	3,558,933千円
雑給	4,619,543	7,770,102
地代家賃	2,641,302	2,765,980
減価償却費	837,415	776,142
賞与引当金繰入額	651,451	836,603
役員賞与引当金繰入額	-	74,090
貸倒引当金繰入額	-	△2,903
株主優待引当金繰入額	△1,227	10,299
退職給付費用	77,911	87,632
役員株式給付引当金繰入額	3,221	13,017

売上原価率は29.91％。これに含まれるのは、原材料や飲料の仕入れ、調理にかかるコストなどです。売上原価率を見る限り、売上原価はそれほど高くはなさそうですが、大きいのは販売管理費です。

なかでも目立つのが「雑給」です。前ページの下に抜粋した注記事項を見ると、第36期は46億1954万3000円だったのが、第37期には77億7010万2000円になっており、68.20％も増えています。雑給とはパートやアルバイトなど臨時の従業員に対して支払われる定期的な給与や諸手当のことです。コロナ明けで人流が戻ってくることを前提にして、パートやアルバイトを増強したというところでしょう。

営業外収益や営業外費用は金額的にもそれほど大きくはないので、ここでは気にする必要はなさそうです。

なお、【手順4】のセグメント情報については、単一セグメントのため記載がありません。ただし、業態ごとの数字は有価証券報告書に記載されていますので、興味のある方は調べてみてください。

ステップ❷ 会社の安全性・健全性を見抜く

●【手順1】ハイライト情報から「自己資本比率」を把握する

まず自己資本比率から見てみましょう。ハイライト情報で過去5期分をチェックしますが、同社は第35期から連結移行なので、第33期と第34期の数字は記載されていません。「提出会社の経営指標等」を確認すると、38.1％（第33期）、28.4％（第34期）となっていました。

第37期の自己資本比率は35.7％で、連結移行後の数字は徐々に上昇してきています。**自己資本比率の適正値は20～49％**とも言われていますので、35.7％もあればひとまず安心です。

●【手順2】貸借対照表の「資産の部」「負債の部」をチェックする

次に貸借対照表を見てみましょう。

■ 鳥貴族HDの貸借対照表

① 【連結貸借対照表】

（単位：千円）

	前連結会計年度 （2022年7月31日）	当連結会計年度 （2023年7月31日）
資産の部		
流動資産		
現金及び預金	8,657,764	8,631,720
売掛金	520,079	857,369
棚卸資産	※1 130,823	※1 156,058
未収入金	587,836	549,670
その他	398,095	461,844
流動資産合計	10,294,598	10,656,663
固定資産		
有形固定資産		
建物	12,861,880	13,664,050
減価償却累計額及び減損損失累計額	△8,064,820	△9,218,269
建物（純額）	4,797,060	4,445,781
工具、器具及び備品	916,074	1,306,867
減価償却累計額及び減損損失累計額	△716,603	△883,009
工具、器具及び備品（純額）	199,470	423,857
その他	2,719,084	2,741,194
減価償却累計額及び減損損失累計額	△2,666,451	△2,714,057
その他（純額）	52,632	27,137
建設仮勘定	11,690	64,963
有形固定資産合計	5,060,854	4,961,739
無形固定資産		
ソフトウエア	28,745	85,367
のれん	-	256,070
その他	714	128,168
無形固定資産合計	29,459	469,606
投資その他の資産		
投資有価証券	500	500
差入保証金	1,642,298	1,826,276
繰延税金資産	1,206,666	1,123,040
その他	232,436	291,479
貸倒引当金	-	△10,315
投資その他の資産合計	3,081,901	3,230,981
固定資産合計	8,172,215	8,662,328
資産合計	18,466,814	19,318,991

（単位：千円）

	前連結会計年度 （2022年7月31日）	当連結会計年度 （2023年7月31日）
負債の部		
流動負債		
1年内返済予定の長期借入金	※2 976,960	※2 3,800,314
買掛金	1,021,689	1,499,053
未払金	1,192,320	1,481,741
未払法人税等	430,194	104,730
未払消費税等	609,429	391,375
前受収益	775,980	563,585
賞与引当金	332,016	481,065
役員賞与引当金	-	74,090
株主優待引当金	33,633	43,970
その他	371,429	500,733
流動負債合計	5,743,653	8,940,660
固定負債		
長期借入金	※2 5,209,169	※2 1,958,857
役員株式給付引当金	10,999	24,016
退職給付に係る負債	48,734	81,766
資産除去債務	1,112,059	1,170,883
預り保証金	1,000	252,671
その他	3,907	-
固定負債合計	6,385,869	3,488,195
負債合計	12,129,523	12,428,855
純資産の部		
株主資本		
資本金	1,491,829	1,491,829
資本剰余金	1,481,829	1,481,829
利益剰余金	3,441,405	3,964,697
自己株式	△86,841	△86,841
株主資本合計	6,328,222	6,851,514
その他の包括利益累計額		
為替換算調整勘定	-	33,494
退職給付に係る調整累計額	9,068	5,126
その他の包括利益累計額合計	9,068	38,621
純資産合計	6,337,291	6,890,135
負債純資産合計	18,466,814	19,318,991

・資産 …………… 193億1899万1000円
・負債 …………… 124億2885万5000円
・純資産 …………… 68億9013万5000円

負債の額を純資産の額で割った「負債比率」を計算してみます。

【負債比率】
・124億2885万5000円÷68億9013万5000円×100＝180.39%

　負債比率は100%を下回っていれば安全と言われていますが、同社の場合、それを大きく上回っています。
　一般的にこの手の財務レバレッジが高いと、それだけROE（自己資本利益率）も高めになると思われますが、同社の第37期におけるROEは9.3%なので、特に高いというわけでもありません。負債比率が高い点は少し注意して見ておいたほうがよさそうです。
　資産と負債の両方について、流動と固定の割合を見てみましょう。

【資産】
・流動資産 …………… 106億5666万3000円
・固定資産 …………… 86億6232万8000円

【負債】
・流動負債 …………… 89億4066万円
・固定負債 …………… 34億8819万5000円

流動資産を流動負債の額で割って、「流動比率」を計算してみます。

【流動比率】
・106億5666万3000円÷89億4066万円×100＝119.19%

　ひとまず100％を超えているので、１年以内に返済の必要がある負債を、１年以内に現金化できる資産で支払えることはわかっています。したがって最悪の資金繰りの状況に直面したとしても、なんとか対処できるメドは立ちます。

　続いて、負債総資産比率も見てみます。

・資産合計額 …………… 193億1899万1000円
・負債合計額 …………… 124億2885万5000円

【負債総資産比率】
・124億2885万5000円÷193億1899万1000円×100＝64.33％

　資産合計額に対する負債合計額が少ないほど不況に強い、つまり負債の返済能力が高いと判断でき、**一般的には50％を下回れば債務返済リスクは低い**と考えられます。この点、同社の場合は負債総資産比率が64.33％ですから、いささか心配です。

　負債の中身をチェックしてみましょう。

　正直、あまりいい状況ではありません。**気になるのが、１年以内に返済する必要性が生じる流動負債の合計額が、第36期の57億4365万3000円から、第37期は89億4066万円と、55.66％も増えていること**です。一方で固定負債の合計額が、第36期の63億8586万9000円から、第37期は34億8819万5000円まで減っています。

　基本的に固定負債が増えたとしても、支払い期限が１年を超えて先になるのであまり心配はいりませんが、流動負債は１年以内に返済が発生するので、この合計額が増えるのはできれば避けたいところです。**つまり同社の場合、前期に比べて流動負債が大幅に増える一方、固定負債が減っているので、負債の在り方としてはあまり望ましくありません。**

　特に、流動負債で荷が重いと思われるのが、38億31万4000円ある１

年内返済予定の長期借入金です。

　ただ、これには注記事項が付いています。それによると、主要取引金融機関と当座貸越契約及び貸出コミットメント契約が締結されており、連結会計年度末の借入未実行残高が46億円あるとのこと。これを用いることによって、当座の資金繰りを乗り越えることは可能と考えられます。

● 【手順3】貸借対照表の「純資産の部」をチェックする

　純資産についても簡単に見ておきましょう。第37期の利益剰余金は、第36期に比べて5億円強増えています。では、「利益剰余金比率」はどうなるでしょうか。

・利益剰余金 ……………… 39億6469万7000円
・総資本（負債純資産合計）…………… 193億1899万1000円

【利益剰余金比率】
・39億6469万7000円÷193億1899万1000円×100＝20.52%

　利益剰余金比率はひとまず40%を目標にしたいところですから、20.52%というのはいかにも低いと考えられます。この問題を解決するためには、利益体質を強化することによって内部留保を高めるのが常道ですが、そもそも外食産業は利益率が非常に低い業種でもあるので、内部留保を蓄積するにはかなりの時間がかかります。

● 【手順4】キャッシュ・フローをチェックする

　最後にキャッシュ・フロー計算書を見てみましょう。

　営業活動によるキャッシュ・フローは、第36期が59億1294万8000円の収入超だったのが、第37期には17億2065万7000円の収入超に減額されています。これだけ大幅な減額になった場合、もしくはマイナスに

■ 鳥貴族HDのキャッシュ・フロー計算書

④【連結キャッシュ・フロー計算書】

（単位：千円）

	前連結会計年度 （自　2021年8月1日 至　2022年7月31日）	当連結会計年度 （自　2022年8月1日 至　2023年7月31日）
営業活動によるキャッシュ・フロー		
税金等調整前当期純利益	1,841,621	1,047,847
減価償却費	852,696	791,380
のれん償却額	-	15,862
減損損失	126,549	420,343
貸倒引当金の増減額（△は減少）	-	△2,903
賞与引当金の増減額（△は減少）	41,824	149,048
役員賞与引当金の増減額（△は減少）	-	74,090
株主優待引当金の増減額（△は減少）	△9,711	10,337
退職給付に係る負債の増減額（△は減少）	8,367	△1,604
役員株式給付引当金の増減額（△は減少）	336	13,017
受取利息及び受取配当金	△30	△54
支払利息	24,736	16,132
為替差損益（△は益）	-	△8,126
固定資産売却損益（△は益）	-	△7,289
固定資産除却損	-	778
移転補償金	-	△32,633
助成金収入	△4,411,795	-
売上債権の増減額（△は増加）	△358,672	△334,579
棚卸資産の増減額（△は増加）	△47,039	△15,562
未収入金の増減額（△は増加）	△242,056	△105,211
仕入債務の増減額（△は減少）	673,394	471,961
未払金の増減額（△は減少）	573,567	207,385
前受収益の増減額（△は減少）	△143,032	△212,395
その他	562,857	△205,290
小計	△506,386	2,292,535
利息及び配当金の受取額	30	271
利息の支払額	△24,320	△16,107
法人税等の支払額	△259,338	△767,830
法人税等の還付額	30,942	5,276
助成金の受取額	6,672,020	173,880
移転補償金の受取額	-	32,633
営業活動によるキャッシュ・フロー	5,912,948	1,720,657
投資活動によるキャッシュ・フロー		
有形固定資産の取得による支出	△323,710	△803,170
有形固定資産の売却による収入	-	22,390
無形固定資産の取得による支出	△10,370	△71,710
子会社株式の取得による支出	-	※2 △155,533
長期前払費用の取得による支出	△34,108	△42,189
差入保証金の差入による支出	△88,620	△150,674
差入保証金の回収による収入	11,043	19,997
その他	△27,581	△23,603
投資活動によるキャッシュ・フロー	△473,347	△1,204,493
財務活動によるキャッシュ・フロー		
長期借入れによる収入	-	600,000
長期借入金の返済による支出	△1,316,680	△1,026,958
リース債務の返済による支出	△215,255	△63,983
配当金の支払額	△49	△92,557
その他	△4,499	△4,498
財務活動によるキャッシュ・フロー	△1,536,484	△587,997
現金及び現金同等物に係る換算差額	-	41,564
現金及び現金同等物の増減額（△は減少）	3,903,116	△30,269
現金及び現金同等物の期首残高	4,806,821	8,719,937
新規連結に伴う現金及び現金同等物の増加額	10,000	-
現金及び現金同等物の期末残高	※1 8,719,937	※1 8,689,668

なった場合は、その理由を突き止めておきましょう。

これは営業活動によるキャッシュ・フローの内訳をひとつずつ見ていけばわかります。

第36期と第37期のキャッシュ・フローを見比べたとき、最も数字に違いがあるのは、「助成金の受取額」です。 第37期が1億7388万円であるのに対し、第36期は66億7202万円もあります。これだけで約65億円の差がありますから、他の項目の加減はあるにせよ、営業活動のキャッシュ・フローに大きな差が生じるのは当然のことです。

投資活動によるキャッシュ・フローは12億449万3000円の支出超です。第36期が4億7334万7000円の支出超だったので、その差は7億3114万6000円です。第36期と比較して、第37期の支出超の額が大きいものの、**金額を見ると、有形固定資産の取得による支出超が、4億7946万円増えています。**

有形固定資産は1年を超える長期にわたって利用される資産のうち、形があって目に見えるものですから、土地や建物、機械、装置などが代表的です。冒頭の店舗数の推移を見ていただきたいのですが、第36期に比べて第37期は9店舗増えていますから、新店舗への投資にかかった支出と考えられます。

最後に財務活動によるキャッシュ・フローは、第36期が15億3648万4000円の支出超だったのに対し、第37期は5億8799万7000円の支出超に減っています。

これは長期借入金の返済による支出が2億8972万2000円減ったことと、長期借入による収入が6億円増えたことが主因です。

収益面では、コロナ明けの回復が期待できるところですが、財務面でいささか懸念が残るといったところでしょうか。

7

ビジョナル株式会社（4194）

「ビジョナル」と聞いてピンとこない人でも、「ビズリーチ！」と聞けば、どんな会社なのかがわかるのではないでしょうか。

海外では企業が人材採用プラットフォームやビジネス SNS を活用して、条件に合った人材を見つけ、企業側から直接アプローチして採用するという「ダイレクトソーシング」が主流です。これを日本に持ち込んだのがビズリーチです。

同社は2つのセグメントを持っています。HR Tech セグメントはビズリーチ事業の他、採用管理システムや人財活用システム、勤怠管理システム、経費精算システムを実装した人財活用プラットフォームの「HRMOS 事業」を展開しています。

また、Incubation セグメントとしては、法人・審査制 M&A マッチングサイトや物流 DX プラットフォーム、脆弱性管理クラウド、セキュリティ評価プラットフォームなど幅広く展開しています。

2023年7月の第4期における販売実績は、HR Tech セグメントが536億5800万円、Incubation セグメントが24億6000万円ですから、現状においては圧倒的にビズリーチ事業をはじめとする HR Tech セグメントの占める割合が大きくなっています。

働き方の多様化が進むなか、学校を卒業して新卒採用され、定年まで35年以上、同じ会社で働くような時代ではなくなりました。転職するのが当たり前になるなか、転職関連のサービスは大きなマーケットになると思われます。

● 【手順1】 ハイライト情報で過去の業績を把握する

同社は株式会社ビズリーチとして設立されましたが、2020年2月に グループ経営体制に移行しました。ビジョナル株式会社を持株会社と して、株式会社ビズリーチ、IEYASU株式会社、イージーソフト株式 会社など国内子会社9社と、国内関連会社1社で構成されています。

そのため、有価証券報告書に記載されているハイライト情報（次 ページ）は、2020年7月を第1期として、第4期までが開示されてい ます。ちなみに2020年7月の前期は株式会社ビズリーチの第12期にな ります。したがって、ビズリーチの12期を含めて5期分の売上高を見 ると、前年同期比は次のようになります。

第1期＝20.41％、第2期＝10.89％、第3期＝53.16％、第4期＝ 28.03％。

売上高の伸び率は好調と言っていいでしょう。

● 【手順2】 沿革で会社の歴史を知る

沿革を見ると、2007年8月の会社設立以来、短期間のうちにさまざ まなサービスを開発しています。一方で事業譲渡したり、提供終了し たりしたサービスは案外少なく、過去に立ち上げたサービスの多くが 現存しています。

また、ここでは表の掲載は割愛しますが、沿革の概要には「事業拡 大にともない……」という文言が多用されているところからも、まさ に今、成長の真っ只中にある会社だということがうかがわれます。

● 【手順3】 収益構造を把握する

具体的に稼ぐ力がどの程度なのかを見ていきましょう。

ハイライト情報にある売上高と経常利益を用いて、利益率の推移を

■ ビジョナルの有価証券報告書「ハイライト情報」

1 【主要な経営指標等の推移】
  (1) 連結経営指標等

回次		第1期	第2期	第3期	第4期	株式会社ビズリーチ 第12期
決算年月		2020年7月	2021年7月	2022年7月	2023年7月	2019年7月
売上高	(百万円)	25,879	28,698	43,954	56,273	21,492
経常利益	(百万円)	2,254	2,274	8,713	14,373	511
親会社株主に帰属する 当期純利益	(百万円)	4,658	1,420	5,852	9,928	335
包括利益	(百万円)	4,658	1,420	5,853	10,012	334
純資産額	(百万円)	9,205	22,536	28,772	39,129	4,547
総資産額	(百万円)	17,722	35,076	45,952	57,873	9,856
1株当たり純資産額	(円)	185.42	628.40	748.70	997.15	△15.06
1株当たり当期純利益金額	(円)	163.08	43.37	160.76	256.78	11.73
潜在株式調整後 1株当たり当期純利益金額	(円)	―	35.84	140.35	239.09	―
自己資本比率	(％)	51.8	64.2	62.5	67.4	45.9
自己資本利益率	(％)	67.9	9.0	22.8	29.3	7.7
株価収益率	(倍)	―	127.7	45.0	30.4	―
営業活動による キャッシュ・フロー	(百万円)	△234	4,315	9,608	11,024	771
投資活動による キャッシュ・フロー	(百万円)	4,799	△33	△3,954	△870	△823
財務活動による キャッシュ・フロー	(百万円)	△19	12,234	77	△346	△112
現金及び現金同等物 の期末残高	(百万円)	9,114	25,630	31,362	41,170	4,761
従業員数 [ほか、平均臨時雇用人員]	(名)	1,186 [240]	1,271 [195]	1,528 [277]	1,550 [348]	1,112 [207]

(注) 1. 第1期の1株当たり純資産額の算定に当たっては、優先株主に対する残余財産の分配額を控除して計算して
      おります。
    2. 第1期の潜在株式調整後1株当たり当期純利益金額については、潜在株式はありますが、第1期の当社株式
      は非上場株式であるため期中平均株価が把握できませんので記載しておりません。
    3. 第1期の株価収益率については、当社株式が非上場であるため記載しておりません。
    4. 従業員数は、当社グループから当社グループ外への出向者を除き、当社グループ外から当社グループへの出
      向者を含む就業人員数であります。臨時従業員数(契約社員、パートタイマー、アルバイト、派遣社員を含
      む。)は、[ ]内に年間の平均人員を外数で記載しております。
    5. 第1期の連結財務諸表は、完全子会社となった株式会社ビズリーチの連結財務諸表を引き継いで作成してい
      るため、同社の第12期(2019年7月期)の数値を併せて記載しております。
    6. 第1期より連結財務諸表については、金融商品取引法第193条の2第1項の規定に基づき、有限責任監査法
      人トーマツにより監査を受けております。
    7. 株式会社ビズリーチの第12期(2019年7月期)の連結財務諸表については、金融商品取引法第193条の2第
      1項の規定に基づき、有限責任監査法人トーマツにより監査を受けております。
    8. 2020年11月20日開催の取締役会決議により、2020年12月7日付で普通株式1株につき100株の株式分割を行
      いましたが、当社第1期の期首及び株式会社ビズリーチの第12期(2019年7月期)の期首に当該株式分割が
      行われたと仮定し、1株当たり純資産額及び1株当たり当期純利益金額、潜在株式調整後1株当たり当期純
      利益金額を算定しております。

チェックします。前述したように、第1期の前は、株式会社ビズリーチの第12期の数字との比較です。

第12期（ビズリーチ）＝2.38％、第1期＝8.71％、第2期＝7.92％、第3期＝19.82％、第4期＝25.54％。

このように、利益率は着実に伸びてきています。しかも、売上高と経常利益も同時に増加傾向をたどっています。望ましい形で稼ぐ力が付いてきているように見えます。

稼ぐ力をもう少し細かく見るために、第4期の損益計算書にも注目してみましょう。

次ページに示した第4期の連結損益計算書から、売上高、売上原価、販売管理費などを抜き出すと、以下のようになります。

・売上高 ………… 562億7300万円
・売上原価 ………… 58億1500万円
・販売管理費 ………… 372億3100万円
・営業外収益 ………… 11億5700万円
・営業外費用 ………… 900万円

売上原価を売上高で割って求められる売上原価率は10.33％。製造業と違って、製品などをつくるための原材料を仕入れる必要がない業種なので、売上原価率は大幅に低くなります。

ちなみに製造業の場合、売上原価率は大体80％前後と言われていますから、10.33％がいかに低い数字かがおわかりいただけるでしょう。したがって、売上総利益（粗利）も大きくなります。

この損益計算書を見て、あらゆる項目の数字が非常に小さいと思われた人もいるのではないでしょうか。562億7300万円の売上高を持つ企業にしては、営業外収益、営業外費用、特別利益、特別損失などの数字も極めて小さく、ほぼ売上高にはたいした影響を及ぼさない程度のものでしかありません。

■ ビジョナルの損益計算書

【連結損益計算書】

(単位：百万円)

	前連結会計年度 (自 2021年8月1日 至 2022年7月31日)	当連結会計年度 (自 2022年8月1日 至 2023年7月31日)
売上高	※1 43,954	※1 56,273
売上原価	5,802	5,815
売上総利益	38,151	50,457
販売費及び一般管理費	※2 ※3 29,869	※2 ※3 37,231
営業利益	8,282	13,225
営業外収益		
受取利息	0	0
持分法による投資利益	319	319
違約金収入	98	779
その他	32	58
営業外収益合計	451	1,157
営業外費用		
支払利息	1	0
新株予約権発行費	3	-
為替差損	2	2
貸倒引当金繰入額	8	1
コミットメントフィー	4	4
その他	0	0
営業外費用合計	21	9
経常利益	8,713	14,373
特別利益		
固定資産売却益	-	※4 2
新株予約権戻入益	3	4
特別利益合計	3	6
特別損失		
投資有価証券評価損	-	3
特別損失合計	-	3
税金等調整前当期純利益	8,717	14,377
法人税、住民税及び事業税	3,113	4,640
法人税等調整額	△249	△192
法人税等合計	2,864	4,448
当期純利益	5,852	9,928
親会社株主に帰属する当期純利益	5,852	9,928

※2　販売費及び一般管理費のうち主要な費用及び金額は次のとおりであります。

	前連結会計年度 (自 2021年8月1日 至 2022年7月31日)	当連結会計年度 (自 2022年8月1日 至 2023年7月31日)
広告宣伝費	14,697百万円	19,118百万円
給料手当	5,721 〃	6,442 〃
賞与引当金繰入額	1,075 〃	1,024 〃

唯一、数字的に大きいのが販売管理費です。第4期のそれは372億3100万円です。販売管理費を売上高で割って求められる、「売上高販管費率」を計算してみましょう。

【売上高販管費率】
・372億3100万円 ÷ 562億7300万円 × 100 = 66.16%

　売上高販管費率は、売上に対する費用の割合を示したものなので、一般的には低いほどいいとされます。もちろん、業種によっては全体的にこの数字が高い業種もあるので、この66.16%という数字が一概に高いとは言い切れませんが、上場企業の平均値は48.5%と言われていますので、その点で見れば66.16%は高いと判断できます。
　では、販売管理費のうちどこにお金がかかっているのでしょうか。
　前ページ下部に抜粋した注記事項を見ると、以下のようになりました。カッコ内の数字は、第3期と比較したときの伸び率です。

・広告宣伝費 ……………… 191億1800万円（30.08%）
・給料手当 …………… 64億4200万円（12.60%）
・賞与引当金繰入額 …………… 10億2400万円（▲4.74%）

　圧倒的に広告宣伝費にお金がかかっていることがわかります。ビズリーチの広告はタクシーの中の交通広告でもよく目にしますが、近年はテレビCMも積極的に打っています。

● 【手順4】 どの事業が稼ぎ頭なのかをチェックする
　また、同社のセグメントについては前述の通り、HR Techセグメントと Incubation セグメントがあります。第4期における販売実績は、HR Tech セグメントが536億5800万円、Incubation セグメントが24億6000万円ですから、現状においては圧倒的に、HR Tech セグメ

ントの占める割合が大きくなっています。

ステップ❷ 会社の安全性・健全性を見抜く

● 【手順1】**ハイライト情報から「自己資本比率」を把握する**

まず自己資本比率の推移から見てみましょう。

自己資本比率の5期分の推移は、ビズリーチの第12期が45.9%で、そこから着実に上昇傾向をたどっています。持株会社のビジョナルになって第4期目の自己資本比率は67.4%ですから、これだけでも財務内容の健全性の高さをうかがい知ることができます。

● 【手順2】**貸借対照表の「資産の部」「負債の部」をチェックする**

もう少し細かく見てみましょう。貸借対照表（次ページ）の中身をチェックしてみます。資産、負債、純資産の数字は、下記の通りです。

・資産 ………… 578億7300万円

・負債 ………… 187億4400万円

・純資産 ………… 391億2900万円

負債の額を純資産の額で割った負債比率を計算してみます。

【負債比率】

・187億4400万円 ÷ 391億2900万円 × 100 = 47.90%

負債比率は低いほどいいとされますが、同時にそれは財務レバレッジの低さを物語りますから、ROE（自己資本利益率）の観点からすれば、はたしてどうなのかという見方もあります。とはいえ同社のROEは第4期で29.3%もあり、財務レバレッジを上げずにこれだけのROEを維持しているのですから、その点でも極めて収益性が高い

■ ビジョナルの貸借対照表

① 【連結貸借対照表】

（単位：百万円）

	前連結会計年度 (2022年7月31日)	当連結会計年度 (2023年7月31日)
資産の部		
流動資産		
現金及び預金	31,362	41,170
売掛金	※1 4,356	※1 5,151
その他	1,082	2,645
貸倒引当金	△57	△64
流動資産合計	36,743	48,902
固定資産		
有形固定資産		
建物	748	896
減価償却累計額	△413	△524
建物（純額）	334	371
リース資産	148	3
減価償却累計額	△148	△3
リース資産（純額）	0	-
建設仮勘定	27	105
その他	850	1,048
減価償却累計額	△478	△679
その他（純額）	371	368
有形固定資産合計	735	845
無形固定資産		
ソフトウエア	389	298
のれん	3,300	2,799
顧客関連資産	1,595	1,356
その他	1	1
無形固定資産合計	5,287	4,455
投資その他の資産		
投資有価証券	97	451
敷金	847	871
繰延税金資産	1,576	1,685
その他	672	671
貸倒引当金	△8	△9
投資その他の資産合計	3,185	3,669
固定資産合計	9,208	8,971
資産合計	45,952	57,873

（単位：百万円）

	前連結会計年度 (2022年7月31日)	当連結会計年度 (2023年7月31日)
負債の部		
流動負債		
1年内返済予定の長期借入金	205	7
未払金	4,054	3,934
未払法人税等	2,030	3,059
契約負債	4,941	6,858
リース債務	0	-
賞与引当金	1,161	1,034
その他	1,594	1,433
流動負債合計	13,988	16,328
固定負債		
持分法適用に伴う負債	2,453	2,133
繰延税金負債	296	249
長期借入金	440	32
固定負債合計	3,190	2,415
負債合計	17,179	18,744
純資産の部		
株主資本		
資本金	6,226	6,356
新株式申込証拠金	6	5
資本剰余金	10,190	10,321
利益剰余金	12,294	22,223
自己株式	△1	△1
株主資本合計	28,716	38,905
その他の包括利益累計額		
その他有価証券評価差額金	0	84
その他の包括利益累計額合計	0	84
新株予約権	56	139
純資産合計	28,772	39,129
負債純資産合計	45,952	57,873

事業を行っていると考えられます。

　では、次に資産と負債の両方について、流動と固定の割合を見てみます。

【資産】
・流動資産 …………… 489億200万円
・固定資産 …………… 89億7100万円

【負債】
・流動負債 …………… 163億2800万円
・固定負債 …………… 24億1500万円

　流動資産の額を流動負債の額で割って、「流動比率」を計算してみましょう。

【流動比率】
・489億200万円÷163億2800万円×100＝299.50％

　1年以内に返済期間が到来する流動負債に対し、1年以内に現金化できる流動資産を豊富に持っているので、資金繰りに窮するようなことにはならないでしょう。財務内容は極めて良好です。
　念のため、負債総資産比率も計算してみます。

・資産合計額 …………… 578億7300万円
・負債合計額 …………… 187億4400万円

【負債総資産比率】
・187億4400万円÷578億7300万円×100＝32.39％

　負債総資産比率は一般的に50％より低ければ、将来の債務返済リスクは低いと考えられますが、同社の場合、50％をはるかに下回る32.39％ですから、負債総資産比率で見ても財務内容は極めて健全と判断できます。

　続いて、負債の中身を見てみたいと思います。
　流動負債、固定負債の費目のなかで、最も大きな金額になっているのは、流動負債のなかの「契約負債」です。
「物語コーポレーション」の節でも解説しましたが、契約負債とは、簡単に言ってしまえば「商品やサービスの対価は受け取ったけれども、商品やサービスを顧客に渡していない状態の金額」になります。「負債」という項目に分類されてはいるものの、元本や利子の返済を伴うものではなく、時間の経過に伴って売上に転嫁されていくため、「いい負債」であると考えられます。それが流動負債の合計額163億2800万円のうち68億5800万円を占めているのですから、負債の債務不履行リスクはさらに低いと考えられるのです。

● 【手順3】貸借対照表の「純資産の部」をチェックする
　貸借対照表の最後に純資産の中身も見ておきましょう。
　内部留保に相当する利益剰余金は、第3期が122億9400万円で、第4期が222億2300万円ですから、この1年間で約100億円の利益剰余金を積み増したことになります。利益剰余金を総資本で割って求める「利益剰余金比率」を計算してみましょう。

・利益剰余金 …………… 222億2300万円
・総資本（負債純資産合計）…………… 578億7300万円

【利益剰余金比率】
・222億2300万円 ÷ 578億7300万円 × 100 ＝ 38.40％

利益剰余金比率は40％を超えるのが理想とされていますが、38.40％もあれば合格点と言っていいでしょう。

　以上の点から見ても、ビジョナルの財務健全性は非常に高いと考えられます。

● 【手順4】キャッシュ・フローをチェックする

　最後にキャッシュ・フロー計算書を見てみましょう。まずは、233ページに示したハイライト情報に掲載されている、キャッシュ・フローの傾向を把握しておきたいと思います。

　営業活動によるキャッシュ・フローは、第1期こそ支出超になっていますが、その後は収入超が続き、その額も期を追うごとに増えており、第4期には110億2400万円になっています。理想的な数字と言えるでしょう。

　投資活動によるキャッシュ・フローは、ほとんどの期で支出超になっていますから、しっかり投資活動をしていることがわかります。次ページに示したキャッシュ・フロー計算書で第4期の投資キャッシュ・フローを見ると、

・有形固定資産の取得による支出 …………… ▲5億8400万円
・投資有価証券の取得による支出 …………… ▲2億3600万円
・敷金の差入による支出 …………… ▲1億8500万円

というのが主な支出ですから、いずれもオフィスの拡大など設備投資に関連するものが中心であることがわかります。

　財務活動によるキャッシュ・フローは、第3期が7700万円の収入超だったのが、第4期は支出超になっています。

■ ビジョナルのキャッシュ・フロー計算書

④ 【連結キャッシュ・フロー計算書】

（単位：百万円）

	前連結会計年度 （自 2021年8月1日 至 2022年7月31日）	当連結会計年度 （自 2022年8月1日 至 2023年7月31日）
営業活動によるキャッシュ・フロー		
税金等調整前当期純利益	8,717	14,377
減価償却費	510	729
のれん償却額	335	501
株式報酬費用	50	87
違約金収入	△98	△779
持分法による投資損益（△は益）	△319	△319
有形固定資産売却損益（△は益）	-	△2
売上債権の増減額（△は増加）	△1,045	△795
賞与引当金の増減額（△は減少）	194	△127
契約負債の増減額（△は減少）	1,769	1,917
未払金の増減額（△は減少）	700	△105
未払消費税等の増減額（△は減少）	861	△69
その他	△108	40
小計	11,566	15,453
利息及び配当金の受取額	0	0
利息の支払額	△1	△0
違約金の受取額	92	761
法人税等の支払額	△2,049	△5,189
営業活動によるキャッシュ・フロー	9,608	11,024
投資活動によるキャッシュ・フロー		
連結の範囲の変更を伴う子会社株式の取得による支出	※2 △2,875	
有形固定資産の取得による支出	△325	△584
有形固定資産の売却による収入	18	5
投資有価証券の取得による支出	△10	△236
敷金の差入による支出	△99	△185
差入保証金の差入による支出	△655	-
敷金及び保証金の回収による収入	3	128
その他	△10	2
投資活動によるキャッシュ・フロー	△3,954	△870
財務活動によるキャッシュ・フロー		
短期借入金の返済による支出	△11	-
新株予約権の発行による収入	2	-
新株予約権の行使による株式の発行による収入	325	260
長期借入金の返済による支出	△219	△606
リース債務の返済による支出	△24	△0
その他	5	△0
財務活動によるキャッシュ・フロー	77	△346
現金及び現金同等物の増減額（△は減少）	5,731	9,808
現金及び現金同等物の期首残高	25,630	31,362
現金及び現金同等物の期末残高	※1 31,362	※1 41,170

財務活動によるキャッシュ・フローの中身を見ると、第4期が支出超になった大きな要因は、長期借入金の返済による支出が6億600万円あったことが大きかったと考えられます。

　なお、営業活動によるキャッシュ・フローと投資活動によるキャッシュ・フローを足して求められる「フリー・キャッシュ・フロー」を計算すると、下記のようになります。

【フリー・キャッシュ・フロー】
　・110億2400万円＋▲8億7000万円＝101億5400万円

　このように、ビジョナルの有価証券報告書を読み解くと、キャッシュは潤沢で、収益性も高く、なおかつ財務リスクも極めて低いという理想的な数字が見えてきます。

　ここまで、実際の企業7社の有価証券報告書を使って決算書を読み解いてきました。

　本章の冒頭でもお伝えしましたが、誌面の都合上、関連資料をすべて掲載することはできません。興味を持たれた企業がありましたら、ぜひご自身で検索してみてください。

　また、ここで紹介した企業以外で興味がある会社についてもぜひ実際の有価証券報告書を読んでみてください。

　最初は分析に時間がかかるかもしれませんが、本章で紹介したプロセスに従って何度も読み込んでいくうちに、スピーディーに企業の全体像をつかむことができるようになります。

おわりに

　最後まで読んでいただき、ありがとうございました。

　決算書は生きた教科書です。
　決算書には、机上の空論ではない、ビジネスの現場で繰り広げられた格闘の痕跡がリアルに反映されています。
　上場企業のホームページを訪れれば、その会社の有価証券報告書や決算短信を見ることができます。ぜひあなたも、本書でお伝えした手順を参考に、たくさんの決算書を読み解いてみてください。

　決算書に慣れるには、とにかく「量」をこなすことが重要です。大量の決算書に触れることで、数値に対する感度が上がっていくことでしょう。とはいえ、日々、仕事やプライベートで忙しいあなたが、決算書をじっくり通読するのは大変だと思います。だからこそ本書で紹介した「速読術」が役に立つのです。

「どの企業の決算書を読めばいいの？」と迷っている人は、まず、ご自身の働いている業界のトップ企業、もしくはライバル企業の決算書を分析することから始めてみてください。ビジネスモデルを理解しているぶん、とっつきやすいと思います。
　また、ご自身の会社の取引先や顧客企業などを分析することもおすすめです。
「ビジネスは情報戦」と言っても過言ではありません。そして、その情報は決算書に豊富に記載されています。決算書を読まずに丸腰で飛び込んでしまったら、多くの情報を持っている人のカモにされてしまう恐れがあります。逆に、相手企業の決算書を読み込んだうえで取引の交渉に臨めば、ビジネスを有利に進めることができます。

慣れてきたら、ご自身の仕事とはまったく異なる、別業界の決算書も読んでみましょう。長年、同じ業界にどっぷり浸かっていると、その業界の慣習が、あたかも「世の中の常識」のように感じられてしまいますし、どうしても固定観念にとらわれるようになってしまいます。

　ぜひ、異業種の決算書を読んで知見を広げ、新たな発想やビジネスアイデアを見つけ出していただければと思います。

　最後に、私の主宰するオンラインスクールでは、毎月３銘柄ほどの上場企業をピックアップして、有価証券報告書や決算書の分析を実演する動画を公開しています。会員のみなさんからは、「見るだけで会計リテラシーが向上する」と、好評をいただいています。

　本書の内容をより深く理解していただけると思いますので、ぜひのぞいてみてください。

　私は、オンラインスクールの他に企業研修も行っているのですが、その際よく思うことがあります。それは、「知っている」と「やっている」の間には、天と地ほどの差があるということです。

　座学では理解が深まらない人も、決算書をゼロから分析する演習問題を実際に解いてみると、驚くほど理解が深まるのです。

　本書で「決算書の速読術」のやり方だけを学んでも、実践しなければ意味がありません。

　さあ、今すぐ決算書をダウンロードして、速読してみましょう！

○○○（企業名）　有価証券報告書	検　索

○○○（企業名）　決算短信	検　索

著　者

【著者紹介】

川口　宏之 （かわぐち・ひろゆき）

●——1975年栃木県生まれ。公認会計士。
2000年より国内大手監査法人である有限責任監査法人トーマツ（旧・監査法人トーマツ）にて、主に上場企業の会計監査業務に従事。2006年から、みずほ証券（旧・みずほインベスターズ証券）にて、新規上場における引受審査業務（IPO審査）などを担当。2007年に、ITベンチャー企業の取締役兼CFOに就任。財務・経理・総務・法務・労務・資本政策・上場準備などを統括。2009年より、独立系の会計コンサルティングファームにて、IFRS導入コンサルティングや決算支援業務、財務デューデリジェンスなど、幅広い業務を経験。本書で解説する「決算書の速読術」はこれらの経験から生まれた。
●——2019年に独立。「監査法人」「証券会社」「ベンチャー企業」「コンサルティング会社」という4つの立場で「会計」に携わった経験を持つ、数少ない公認会計士として多くのクライアントから信頼を集める。
●——現在は、これらの経験をもとに、実務に役立つ会計研修（上場企業の社員研修、公開セミナー、動画講座）など、講師活動を精力的に行っている。著書に、『【決定版】決算書を読む技術』（小社）、『この1冊ですべてわかる 決算書の基本』（日本実業出版社）などがある。
●——「公認会計士・川口宏之オンラインスクール」主宰。

【著者ホームページ】https://kawaguchihiroyuki.com/

有価証券報告書で読み解く　決算書の「超」速読術

2024年3月18日　　第1刷発行
2024年6月18日　　第2刷発行

著　者——川口　宏之
発行者——齊藤　龍男
発行所——株式会社かんき出版
　　　　　東京都千代田区麹町4-1-4 西脇ビル　〒102-0083
　　　　　電話　営業部：03（3262）8011代　編集部：03（3262）8012代
　　　　　FAX　03（3234）4421　　　　　振替　00100-2-62304
　　　　　https://kanki-pub.co.jp/
印刷所——ベクトル印刷株式会社